江戸文化から見る

男娼と男色の歴史

監修◉安藤 優一郎

KANZEN

江戸文化から見る
男娼と男色の歴史

もうひとつの江戸文化「男娼」と「男色」——まえがき

江戸時代、江戸には「悪所《あくしょ》」と呼ばれる場所が2つあった。それが、吉原《よしわら》と芝居町である。吉原には遊郭《ゆうかく》があり、芝居町には陰間茶屋《かげまちゃや》があった。遊郭では女性が、陰間茶屋では男性が身体を売っていた。

江戸時代の日本では、男色と女色がほぼ同列に扱われており、「色道《いろみち》二つ」とさえ呼ばれていた。男色を扱った出版物も数多く発行され、浮世絵や錦絵《にしきえ》でも男色は扱われ、男色は女色と共存していた。寛永《かんえい》年間（1624～1645）に書かれた『心友記《しんゆうき》』という仮名草子《かなぞうし》は「少年はすべからく念者《ねんじゃ》をもつべし」とさえ書いている。念者とは、年長の男色相手のことである。また、錦絵の大成者である鈴木春信《すずきはるのぶ》、町人文化を写実的に

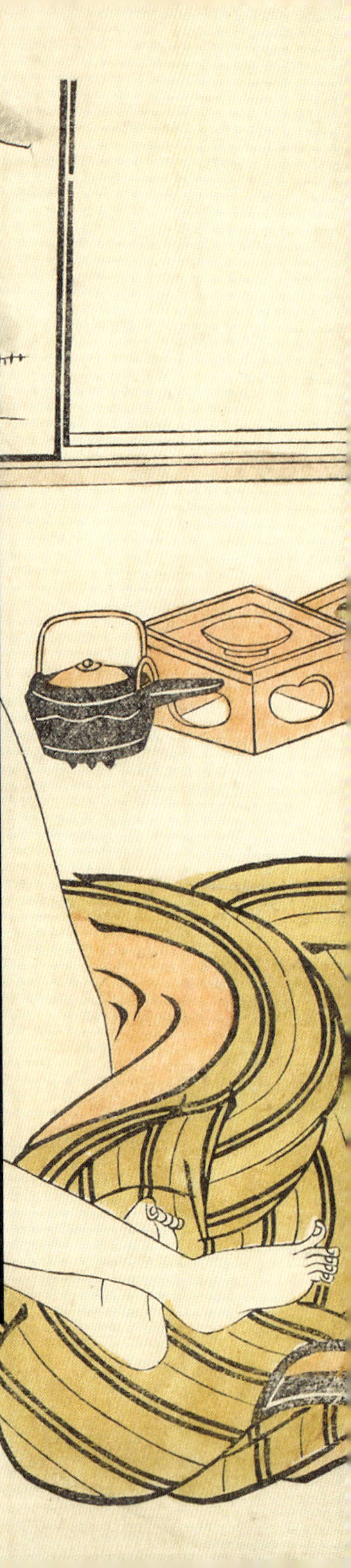

描写して浮世草子を創作した井原西鶴《いはらさいかく》、歌舞伎や浄瑠璃《じょうるり》の戯作者として名を残した近松《ちかまつ》門左衛門《もんざえもん》など、江戸時代を代表する文化人たちも、男色をテーマにした作品を残した。

男色を許容する風潮のなかで、金品と引きかえに身体を売る「男娼」が誕生した。当初は歌舞伎役者が副業として身体を売っていたが、やがて舞台に立てない未熟な役者も男娼となり、ついには男娼を専業とする者も現れた。男娼を抱えたり、男娼を斡旋する店を「陰間茶屋」といい、男娼のことを「陰間」とか「野郎」などと呼んだ。

陰間茶屋は江戸時代中期に最盛期を迎えた。遊女が江戸時代の文化の一翼をになったように、陰間茶屋もまた江戸文化を語るうえで欠かせない存在となったのである。

本書では、江戸時代の男娼と男色文化に焦点を当て、男娼のルーツから男娼との遊び方までを解説した。江戸文化の一側面を楽しんでいただきたい。

両手に扇をもちながら音楽に合わせて振袖姿で舞い踊る若衆。江戸時代初期、女性が歌舞伎の舞台に立つことが禁止されたため、若衆が踊る「若衆歌舞伎」は市民に熱狂的に迎えられた。(『歌舞伎図屏風』出光美術館蔵)

江戸の人々が熱狂した若衆

江戸時代、男性は大人になったしるしと元《げん》服《ぷく》して、前髪を剃った。元服前の前髪つきの少年は「若衆《わかしゅ》」と呼ばれ、なかでも歌舞伎役者として舞台に立った若衆は、男性でも女性でもない存在として性の対象となった。そして、観客は役者若衆に熱狂し、あらんかぎりの声援を浴びせた。

やがて、役者若衆だけでなく美しい町若衆ももてはやされるようになり、彼らを男娼として抱える「陰《かげ》間《ま》茶屋《ちゃや》」が誕生した。男色を許容する江戸時代の風潮もあり、武士から庶民に至るまで、老若男女を問わず陰間茶屋で遊ぶようになった。

瀧井半之助

18世紀初頭に活躍した女形・瀧井半之助を描いたもの。歌舞伎役者は舞台に立つ者も、舞台に立たない者も男娼として色を売っていた者が多かった。

(『瀧井半之助』伝鳥居清信、国立国会図書館蔵)

傘をさしかけられて歩く若衆。額に帽子のようなもの（野郎帽子という）をつけていることから、この若衆が舞台子（歌舞伎役者で舞台にあがる若衆）であることがわかる。江戸時代の歌舞伎役者は少年でも前髪を剃らなければならなかったため野郎帽子をつけて前髪がないことを隠した。（鈴木春信、個人蔵）

遊女と新造（遊女の見習いのこと）とたわむれる頭巾姿の若衆。この若衆は瀬川菊之丞（二代）という歌舞伎役者。頭巾をかぶっているのも前髪がないことを隠すためであろう。また、お忍びという理由かもしれない。瀬川菊之丞（二代）は18世紀半ばの歌舞伎役者で、名女形として人気を博した。（『風流艶色真似ゑもん』鈴木春信、国際日本文化研究センター蔵）

陰間茶屋で陰間と遊ぶ男性。この陰間は前髪がまだあるので舞台に上がらない役者か、役者以外の少年である。（宮川長春、国際日本文化研究センター蔵）

遊郭に陰間を呼び寄せて遊ぶ客。向かって左で寝そべって手紙を書いているのが陰間。外見はほとんど女性と同じである。（『閨の雛形』奥村政信、個人蔵）

控え室でくつろぐ陰間。女性のように見えるが、二人とも陰間である。女装した陰間は客に人気があった。（『五常・義』鈴木春信、個人蔵）

江戸住みの武士はもちろん、参勤交代で江戸に詰めていた武士も陰間を買うことはあった。武士は僧侶とともに陰間茶屋にとってはお得意様だった。（『艶色水香亭』国際日本文化研究センター蔵）

陰間を買った老若男女

陰間茶屋で遊ぶにはそれなりのお金がかかったので、大店《おおだな》の主人や放蕩息子、豪農、僧侶などのお金持ち以外は、しょっちゅう遊びに行くというわけにはいかなかった。しかし、役者を兼ねない陰間は、役者兼陰間より安かったし、なかにはフリーで陰間を稼業としている者もいたので、決して庶民が遊べないわけではなかった。

また、陰間茶屋を利用したのは男色性向のある男性だけでなく、女性も利用した。武家の奥女中や庶民の後家などが多く利用したともいわれている。陰間の魅力は江戸の老若男女を惹きつけたのである。

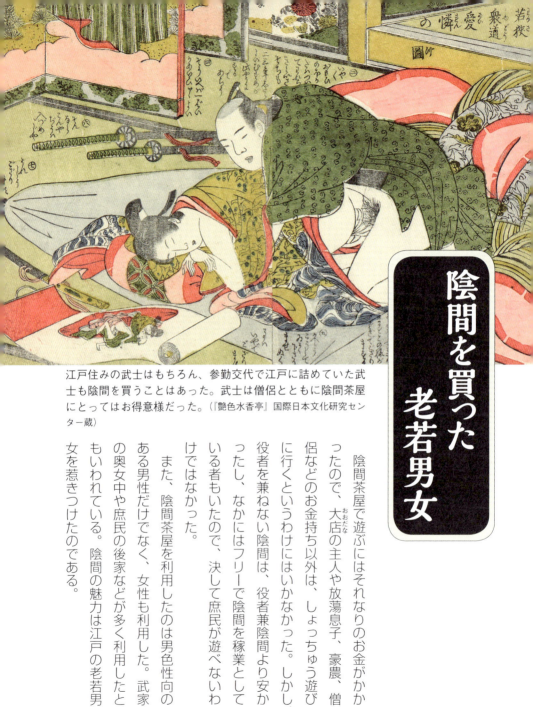

陰間のなかには行商をしながら、そのついでに春をひさぐ者もいた。また、若衆の人気に目を付けた商人が、美しい若衆を売り子にすることもあった。（『扇子売り』鈴木春信、江戸東京博物館蔵）

陰間を買ったのは男性だけはなく、女性も利用した。歌舞伎役者を兼ねた陰間は通常は出張は行わなかったが、自宅まで来てくれる陰間もいた。（磯田湖龍斎、個人蔵）

武士とともに陰間茶屋の常連だったのが僧侶である。江戸時代の僧侶は女性との性交が禁じられていたため、リスクをおかして遊郭に行くよりは陰間を買ったほうが安全だった。（『帆柱丸』喜多川歌麿、国際日本文化研究センター蔵）

陰間は関西出身の少年がよいとされていた。「東男に京女」という言葉があるように、江戸の男性はべらんめえ口調で、どちらかというと男らしかった。女性っぽさが求められた陰間にとって、男らしさが協調される江戸っ子気質は避けられがちだった。（『京女 東男 難波色子』奥村利信、立命館大学蔵）

奥女中と陰間の図。奥女中は大奥の名代として外出したときに、ついでに陰間遊びをしたという。この絵のように年を取った女性でも陰間を買うことがあった。（『色物馬鹿本草』磯田湖龍斎、国際日本文化研究センター蔵）

陰間を買う客のなかには、同時に遊女と遊ぶ客もいた。当時の春本には、男と女と陰間の３人一組の構図が複数見られる。遊女と陰間を同時に買うというのはお金がかかることなので、よほどの富豪でなければできない遊びであろう。（『閨の雛形』奥村政信、個人蔵）

女性の部屋を訪問する舞台子。役者を兼ねた陰間は舞台に立つこともあって人気があり、そのぶん値段も高かった。(鈴木春信、国際日本文化研究センター蔵)

陰間茶屋での遊興の様子。全員女性のように見えるが、黒い着物を着ているのが陰間である。客はすべて女性だ。女装した男娼が当時は人気だった。(『かくれ閭』国立国会図書館蔵)

江戸文化から見る

男娼と男色の歴史●もくじ

第四章　江戸の男娼の性技と作法——心構えから性技・性具まで

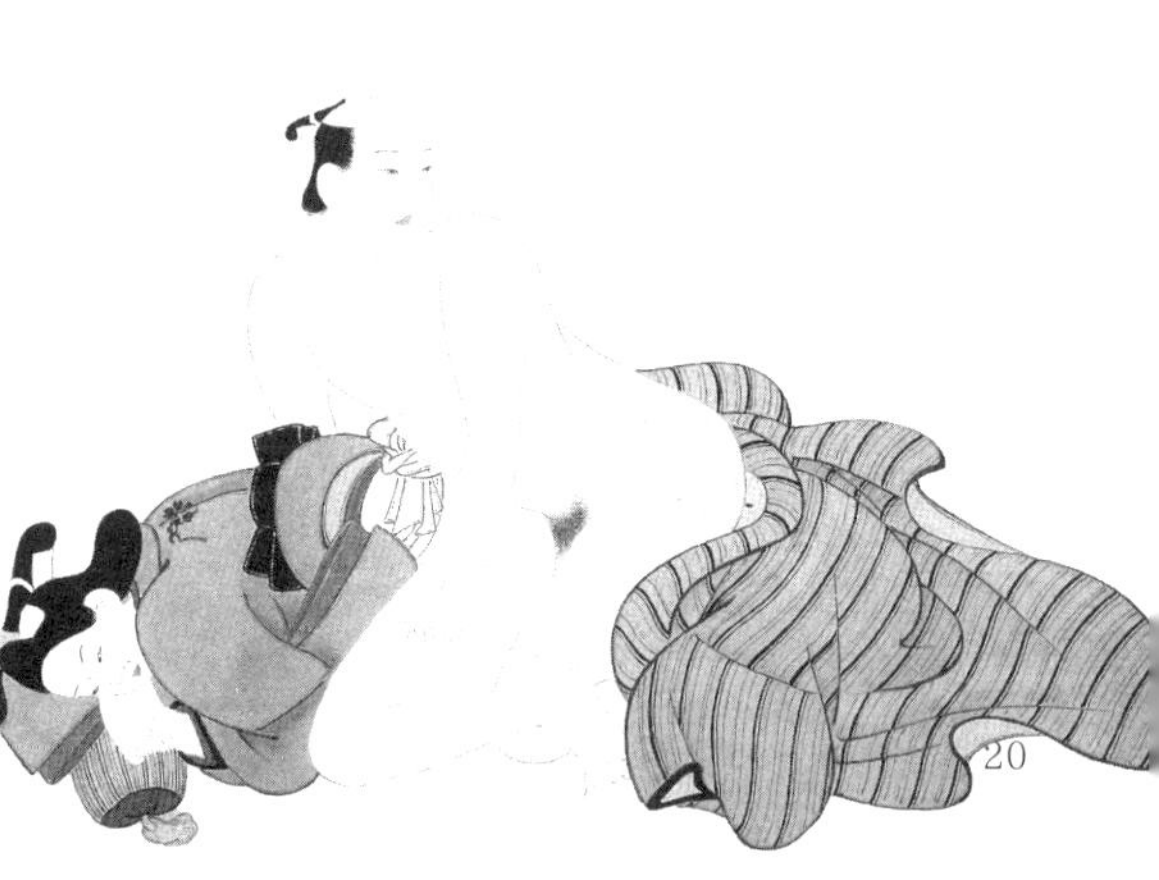

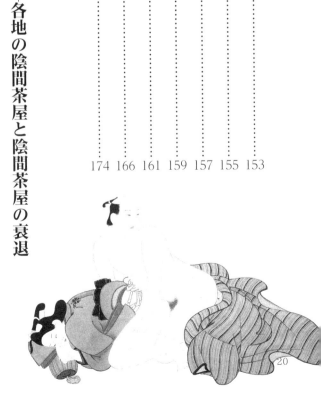

第一章

男色のルーツを探る

——江戸時代の男娼誕生秘話

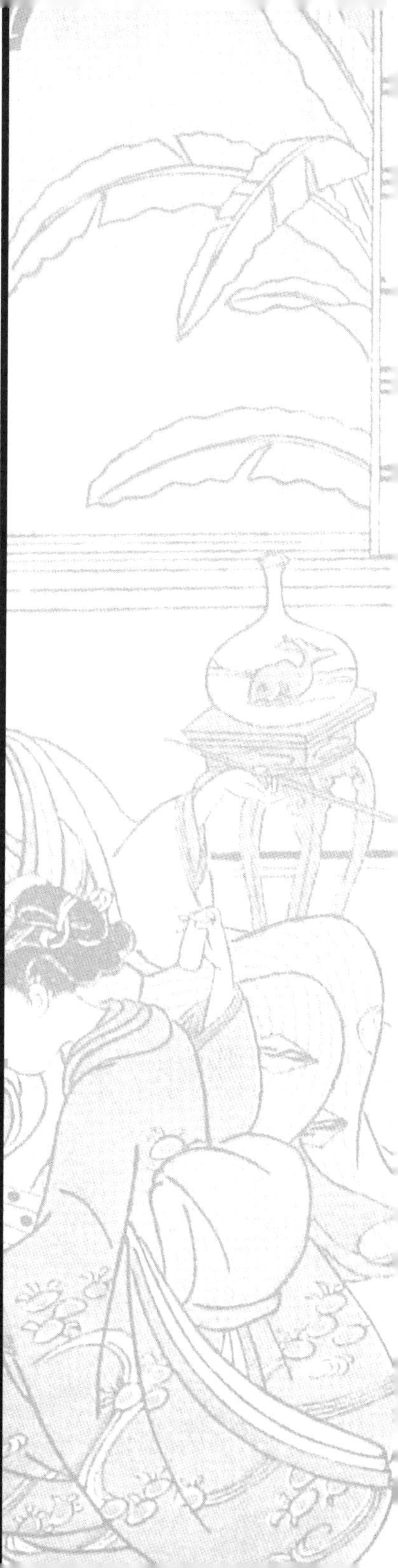

江戸の男色は両性愛者が多かった

❖男の恋人がいながら女性とも付き合う少年

江戸時代、男娼を買う人の多くは遊女も買った。あるいは、妻子や恋人がありながら男娼を買った。また、男娼の側も、成人すれば妻帯し子供をもうけた。現代でいうところの「バイセクシャル」が多かったのである。

当時の両性愛の男性のことを「若衆狂《わかしゅぐる》い」「野郎狂《やろうぐる》い」などと呼んだ。また、「若道方《じゃくどうがた》」という呼び方もあったが、こちらは男色専門の男性のことを指したという。

寛永《かんえい》年間（１６２２〜１６４４）に刊行された『田夫物語《でんぷものがたり》』という仮名草子《かなぞうし》には、「若道方」は「男女両方に手を出す人をそねむ」と書かれている。

井原西鶴《いはらさいかく》の『好色五人女《こうしょくごにんおんな》』（１６８５年〔貞享《じょうきょう》２〕）に「八百屋《やおや》お七《しち》」をモチーフにした話がある。八百屋お七とは、好きな男に会いたくて火事を起こした少女のことだ。お七の恋人・吉三郎《きちさぶろう》はお七が処刑されたあと、彼女の後を追って自殺しようとする。しかし、寺の先輩僧侶など周りの人々に説得されて後追い自殺はやめ、お七の菩提《ぼだい》を弔《とむら》うことにした。ここまでは普通の話だが、先輩僧侶の説得の仕方が変わっていた。彼らは、後を追おうとしていた吉三郎に、「旅に出ている兄弟契約の御方が自殺に反対する」と言って説得したのである。つまり、吉三郎はお七という女性と付き合う一方で、男色の契りを交わした相手もいる、両刀使いだったのである。

井原西鶴は著書のなかで「男色、女色のへだてはなきもの」というセリフをしゃべらせているが、これが江戸時代の一般的な考え方だった。

お七の墓前で自害しようとする吉三郎をなだめる僧侶たち。女性と付き合いながら男色の契りを結ぶ男性は、江戸時代には多かった。（『好色五人女』国立国会図書館蔵）

浮世絵や浮世草子などの挿絵でも、客と女と男娼という組み合わせは多くみられる構図であり、女性とも男性とも性交するバイセクシャルが、江戸時代では普通だったといえる。

もちろん、男色好きのすべてが両性愛者だったわけではなく、『男色大鑑《なんしょくおおかがみ》』（1687年〔貞享《じょうきょう》4〕）には60歳を過ぎても一緒に暮らした男同士の話が出ており、生粋の男色家もいたことがわかる。

江戸時代は男色と女色が両立していた

❖男色は世間的にタブーではなかった

男色行為が日常生活に浸透していた江戸時代、男色は異端視されることなく、男性が女性を愛するのと同じレベルで許容されていた。幕府や諸藩が男色を禁じたことはあったが、それは男色に関連する暴力事件が起こるようになったためで、『男色山路露《なんしょくやまじのつゆ》』（1730年〔享保《きょうほう》15〕）に「男色は武門の花」だったと記述されているように、男性同士の性行為を咎めるものではなかった。

井原西鶴《いはらさいかく》の『西鶴置土産《さいかくおきみやげ》』（1693年〔元禄《げんろく》6〕）という浮世草子《うきよぞうし》には、遊女を買おうとした男が、夜までの暇な時間を利用して男娼を買うという話がある。そのほかにも、江戸時代の出版物には男色がらみのものが多くみられる。

また、江戸時代の文化である「浮世絵」や「錦絵《にしきえ》」にも、男色ものは多い。男女の性交を描いた10枚つづりの春画のなかに男同士の性交を描いたものが1枚だけ混じっているということもあった。

庶民も男色が特別なこととは思っていなかったのである。

磯田湖龍斎の『色物馬鹿本草』巻２には挿絵が９点入っている。そのうち８点は下のように男女ものの挿絵だが、１点だけ上のような男色の絵が混じっている。上の挿絵は、寺子屋の師匠が生徒の若衆に手を出している場面である。

なぜ男色のことを〝衆道〟というのか？

❖念者と若衆の関係

江戸時代、男性同士の恋愛や性行為のことを「衆道《しゅどう》」といった。ただし、衆道という言葉を使う場合、武士同士の男色行為を指すことが多い。

戦国時代から武士の間では、年長者と少年が性的な関係をもつことが多く、兄分となる年長者を「念《ねん》者《じゃ》」、年下の弟分を「若衆《わかしゅ》」といった。

二人は性的につながるだけでなく、念者は元服前の若衆の庇護者でもあり、若衆の元服の時期を念者が決めることもあった。

こうした習慣が、江戸時代になったからといって、すぐになくなるわけではない。享保《きょうほう》年間（１７１６〜１７３６）に出版された『八十翁疇昔物語《はちじゅうおうむかしものがたり》』（新見正朝《しんみまさとも》）という浮世草子《うきよぞうし》に、昔話として衆道に関する話が出てくる。

それによると、「むかしは衆道と云《い》う事之在《ことこれあ》り、十四五六八の男子、生付《おいつき》能《よ》きは勿論《もちろん》、大体の生付にても、念者といふもの持たぬ若衆は壱人《ひとり》もなし、是《これ》を兄弟契約云《いい》し、又男色共いふ」と書かれている。

著者の新見正朝は幕府の旗本《はたもと》で、この本は自分の経験を書き記したものなので信憑性は高い記事である。むかしというのは50～60年ほど前のことで、「生付能い」とは生まれつき容姿がいいという意味だ。

新見によると、江戸時代初期には、見た目がいい14～18歳の少年で念者をもたない者は一人もいなかったという。

また、1716年（享保1）に出された『葉隠《はがくれ》』（山本常朝《やまもとつねとも》）には「衆道の極意は死ぬことに候《そうろう》」とある。

念者と若衆の関係は江戸時代になっても習慣として残っていたことがわかる。

❖〝衆道〟は江戸時代にできた言葉

新見も山本も「衆道」という言葉を使っているが、念者と若衆の関係を衆道というようになったのは江戸時代になってからのことで、戦国時代に「衆道」という言葉はなかったという。

こらむ

男色相手を薦めた江戸時代の風潮

戦国時代の男同士の性的関係を容認する風潮は、江戸時代にも受け継がれた。

享保《きょうほう》年間（1716～1736）に書かれた『むかしむかし物語』には、男子は14～16歳になれば男色相手となる念者をもたない者はひとりもいないと書かれている。

『風流比翼鳥《ふうりゅうひよくのとり》』（1707年〔宝永《ほうえい》4〕）という本には、14歳になっても念者がいない若者が、念者をくださいと神仏に祈る話さえ出てくる。

『武家義理物語』（1688年〔貞《じょう》享《きょう》5〕）には、息子と念者との一夜を、母親が黙認して過ごすという話もある。「念者」と「若衆」の関係は親も公認の仲だったのである。

前髪を剃っているほうが兄分で「念者」といい、挿入されている若者が弟分で「若衆」という。衆道の関係は単なる同性愛とはまた違う関係であった。『艶色水香亭』より（個人蔵）。

衆道の「衆」は若衆の「衆」だが、なぜ武士の世界の男色を「衆道」と呼ぶようになったのかは不明である。

日本では書道、華道、茶道、武道など、体系化された芸や技に対して〝道〟の字を使ってきた歴史がある。「衆道」という言葉も、これにならって名づけられたものだろう。

ただし、ほかの道がつく言葉のように、衆道に体系的な哲学や思想があったわけではなく、言葉遊びが好きだった江戸時代の人々が考え出した造語であろう。

男同士の性行為を許容していた江戸時代

❖男色行為を隠さなかった戦国時代

江戸時代の最初期からすでに男娼が存在していたのは、当時の日本に男色を受け入れる空気が醸成されていたからである。

江戸時代以前、武士や僧侶、貴族といった上流階級の間では男色が公然と行われていた。戦国時代後期の1579年（天正《てんしょう》7）に日本に来日したイタリア人宣教師・ヴァリニャーノは、日本にはびこる男色の風習に驚き（キリスト教では男色は禁止されている）、著書に次のように書いている。

「彼らに見受けられる第一の悪は色欲上の罪に耽《ふけ》ることであり、これは異教徒に常に見いだされるものである。最悪の罪悪は、この色欲のなかでもっとも堕落したものであって、これを口にするには堪えない。彼らはそれを重大なことと考えていないから、若衆《わかしゅ》たちも関係のある相手もこれを誇りとし、公然と口にし、隠蔽しようとはしない」

〝口にするには堪えない〟とヴァリニャーノが嫌悪したのが、男色のことである。当時の日本では、男

戦国時代を代表する戦国武将・前田利家も、織田信長の男色相手としてうわさされる。（富山県立図書館蔵）

色が隠すような特別なことではなく、公然と披露してもかまわない風習だったことがわかる。

　戦国武将の男色事情も多く記録に残されている。会津《あいづ》地方を拠点にした奥羽《おうう》の戦国大名・伊《だ》達《て》政宗《まさむね》もそのひとりだ。政宗は男性との色恋沙汰を自慢の種にしていて、『伊達政宗文書』という史料によれば、寵愛《ちょうあい》する少年と男色の契りを結ぶたびに腕などに傷をつけ、契りの証にしたという。

甲斐国《かい》（現在の山梨県）の戦国大名・武田信玄《たけだしんげん》に男色趣味があったことも有名な話だ。信玄が1546年（天文《てんぶん》15）に書いたとされる手紙が残されているのだが、そのなかで当時25歳だった信玄は、弥七郎《やしちろう》という小姓に手を出したことを告白している。

　戦国大名の代名詞ともいえる織田信長《おだのぶなが》にも、男色の話はある。信長の男色相手といえば森蘭丸《もりらんまる》が有名だが、両者の関係はたぶんに伝説的な要素が強く、史実を伝えているとは思われない。だが、信長と前《まえ》田利家《だとしいえ》の関係をほのめかす史料は残されている。利家は信長の家臣として頭角を現し、豊臣秀吉《とよとみひでよし》政権では五大老《ごたいろう》のひとりとなったほどの戦国大名だが、利家が信長の小姓《こしょう》だった時代、「信長公御傍《おそば》に寝臥《しんが》なされ、御秘蔵にて候《そうろう》」ということがあったという。利家が信長のそばに横たわって寝ることがあり、信長の秘蔵の者だったということだ。

このように、戦国武将の間での男色の話は数多く、江戸幕府を興した徳川家康《とくがわいえやす》にも男色がらみの話は残されている。第2代将軍・徳川秀忠《ひでただ》も、元服前の少年時代に丹羽《にわ》長重《ながしげ》という武士と男色の契りを結んでいたとされ、3代将軍・徳川家光《いえみつ》も男色家で、乳母の春日局《かすがのつぼね》が世継ぎが生まれないことを心配した話は有名だろう。

こうした気風が江戸時代にも引き継がれ、一般市民の間にも男色を受容する土壌が生み出されたのである。

❖来日した外国人が記した日本の男色文化

男色は、昭和の時代ほどではないにしても、現在でも異端視されがちだ。これは、明治時代以降、男色を禁じるキリスト教を基本とする欧米文明がなだれ込んできたことが大きな理由と考えられる。しかし、江戸時代の日本では、男色は決して異端視されることはなく、咎められるようなこともなかった。したがって、男娼も日常生活のなかに普通に存在した。

蘭学者の森島中良《もりしまちゅうりょう》がオランダ人の話をまとめた『紅毛雑話《こうもうざつわ》』（1787年〔天明《てんめい》7〕発行）という本によると、当時のヨーロッパは、「彼邦《かのくに》男色を禁ずる事厳密なり。是《これ》人理《じんり》にそむくを以《もっ》てなり。当時《そのかみ》これを犯《おか》すことのあり。其《その》犯せし人は火刑に行はれ、犯されたる少年は海へ沈められしとなん、今も然《しか》るよし」という状況だった。少年と性行為をした男が火刑に処され、少年も海に沈められたということである。当時のヨーロッパでは、男色は処刑に値する行為だったのだ。

そのため、江戸時代に来日した多くの外国人は、男色が日常生活に溶け込んでいる日本を見て、いちように驚いた。

1619年（元和《げんな》5）にオランダ商館のスタッフの一人として来日したフランソワ・カロンは、「僧侶ならびに貴族大身中には男色に汚れているものがあるが、彼らはこれを罪とも恥ともしない」と記し、日本で男色行為が普通に行われていることに驚いている。

オランダ商館付きの医者として1690年（元禄《げんろく》3）に来日したドイツ人・ケンペルは、江戸に下る途中の東海道沿いで年若い男娼が並んで座っている場面に出くわした。それだけでもケンペルにとっては驚きだったのだが、さらにケンペルを驚かせたのは同行していた長崎奉行《ながさきぶぎょう》の行動だった。奉行は気晴らしと言って、半時間ほども少年たちのそばに腰を下ろしていたという。

男色が公然と行われていたからこそ、外国人の目にもとまり、外国人にとっては目に余る行為として記録されたのである。

こらむ

徳川家康も男色家だった

徳川家康には「徳川四天王」と呼ばれる4人の忠臣がいた。そのうちのひとり井伊直政《いいなおまさ》と家康が男色関係にあったという説がある。

『甲陽軍鑑《こうようぐんかん》』（武田家の戦術等を書き記した軍学書）に「萬千代《まんちよ》と云《いう》遠州先方衆侍の子なるが、萬千代近年家康の御座をなおす」と書かれている。萬千代は直政のことで、御座をなおすとは男色を示唆する言葉とされている。直政は「容顔美麗にして心優にやさし」と書かれている美男子だった。

『徳川実紀』（江戸幕府の公式史書）によると、家康は自邸の庭近くに直政の家居をつくらせて、おりおり通っていたという。

江戸幕府の開幕から男娼は存在した

❖出雲阿国による歌舞伎踊りの誕生

1603年（慶長《けいちょう》8）2月、徳川家康《とくがわいえやす》が征夷大将軍《せいいたいしょうぐん》に任じられ、名実ともに江戸幕府がはじまった。その2カ月後の4月、京都五条《ごじょう》の橋のたもとに芝居小屋が現れ、何人かの男女が小屋に設置された舞台上で舞い踊るという見世物が行われた。主催者であり踊子としても舞台に上がっていたのが、出雲阿国《いずものおくに》とその夫・三十郎《さんじゅうろう》だった。

これが、世にいう「阿国歌舞伎《おくにかぶき》」である。阿国はもともと畿内のどこか神社の巫女《みこ》だったとされる女性で（出雲出身とする説もある）、神社の修繕費用の資金を集めるために念仏踊《ねんぶつおど》りの一座を組織したのが、阿国歌舞伎の発端だったという。

阿国歌舞伎は男女混合の集団で、女性が男装し、男性が女装して舞い踊るという趣向だった。たとえば、出雲阿国が男装して茶屋に訪れる男の客を演じ、三十郎が女装して遊女の役をするという芝居があった。また、銭湯で春をひさいでいた「湯女《ゆな》」と客という設定の芝居を演じることもあった。彼らの芝

京都五条ではじめられた「阿国歌舞伎」の様子が描かれている。踊りを主体とする見世物には中世以来、売買春がつきものだった。舞台上で刀をもち、髪を振り乱して踊っているのが男装した阿国とされる。（『阿国歌舞伎図』京都国立博物館蔵）

居の多くはエロティックなものだった。〝歌舞伎〟と名付けられているが、阿国歌舞伎は現在の歌舞伎のように洗練されておらず、芝居といっても売春の場面を芝居仕立てにした寸劇のようなものだった。

しかし、阿国歌舞伎は多くの人々に支持された。女性が男装し、男性が女装したうえで猥雑な踊りを舞うという変わった趣向が、「かぶきたる者」（人目を驚かす新しいことをやる者）といわれて評判になったのだ。

人気商品にあやかろうとする者が出てくるのは、今も昔も変わらない。阿国歌舞伎の評判に便乗して、それを真似た「遊女歌舞伎《ゆうじょかぶき》（女歌舞伎ともいう）」なる見世物が登場した。文字どおり遊女が踊る見世物で、遊女屋がお抱えの遊女を舞台に立たせたわけだ。遊女歌舞伎も、阿国歌舞伎にならって遊女に男装させた。

少年に舞いを踊らせる「若衆歌舞伎《わかしゅかぶき》」という見世物も登場した。しかし、登場当時は女歌舞伎の人気がすさまじく、若衆歌舞伎はそれほど注目されなかったという。

❖舞台の裏で性を売っていた役者たち

遊女歌舞伎は単に踊るだけではなかった。遊女歌舞伎の最大の目的は芝居や踊りを見せることではなく、舞台裏での性取引にあった。

舞台上で踊る遊女を気に入れば、舞台のあとに酒席に呼んだり、夜のお供を頼むこともできた。

これは阿国歌舞伎も同様だったと考えられている。阿国歌舞伎はその後、大名家に呼ばれるほどの人気となったが、阿国歌舞伎を楽しんだ大名のなかに、徳川家康の子・結城秀康《ゆうきひでやす》（越前《えちぜん》藩主・伏見城代《ふしみじょうだい》）がいた。秀康は一座の女役者から性病を移されたという話がある。事の真偽は不明だが、阿国歌舞伎が性を売っていたらしいことは、当時から有名な話だったようだ。

阿国歌舞伎には女役者だけでなく、男役者もいたが、彼らもまた身体を売る対象だった。女役者が身体を売る相手はもちろん男性だったが、男役者も男性を相手にした。彼らは役者であるとともに、「男娼《だんしょう》」でもあったのだ。

男娼の原点は神事・仏事にあった

❖売春と表裏一体にあった神事の芸能

江戸時代、男娼を買うための店を「陰間茶屋《かげまちゃや》」といった（陰間茶屋については第3章で解説）。陰間茶屋のなかには門前町にあるものもあったが、これはもともと男娼が寺や神社と関わりが深かったからだ。

すでに述べたように、江戸時代の男娼のはじまりは出雲阿国《いずものおくに》による阿国歌舞伎に求められるが、阿国はもともと巫女《みこ》であった。巫女とは神事に奉仕して神楽《かぐら》を舞ったりする女性のことで、なかには「歩き巫女」といって、諸国を放浪しながら神のお告げや占いなどをして生計を立てる巫女もいた。歩き巫女は「旅女郎《たびじょろう》」とも呼ばれたように、売春を生業《なりわい》にする者もおり、神事と売春は非常に近い関係にあった。

神様のために舞ったり踊ったりするのは、神職だけではない。農民も神様のために踊った。日本人は古来、万物に神が宿ると信じており、自然現象も神の存在抜きには語れなかった。毎年の豊作のために

『大山寺縁起絵巻』（摸本、東京大学史料編纂所蔵）に描かれた田楽舞の様子。田楽は、農村で豊作などを願う田植え祭りからはじまった芸能で、やがて演者のなかに売春を行う者も出てきた。

は長雨や台風、旱魃《かんばつ》、虫害などは大敵だが、それらが発生するのは神様が怒るからだと考えた。

そのため、農民は神様のご機嫌をとるために祭りを催した。歌を歌ったり舞いを踊ったり、物真似や曲芸などをする者も現れた。農村ではじまったこうした芸能は、やがて「田楽《でんがく》」という芸能に集約され、田楽を生業とする演芸集団が誕生した。

こうした演芸集団は各地を渡り歩き、その土地土地の有力者の前で芸を見せるようになる。権力と金をもった人々は、一座のなかの美少女や美少年に声をかけ、売春が行われるようになった。

❖仏事も芸能へ発展した

阿国の見世物はもともと念仏踊《ねんぶつおど》りだった。念

鎌倉時代の京都で、時宗の僧侶たちが一段高くした舞台上で念仏踊りを踊り、多くの観客が見ている。これがのちに僧侶以外の者が生業とし、諸国を巡業するようになった。（『一遍聖絵』国立国会図書館蔵）

仏踊りとは、太鼓や鉦《しょう》を鳴らしながら念仏や和《わ》讃《さん》（仏教で歌われる歌）を歌うものだが、もともとは死者を供養するための仏事である。阿国は巫女という神職にあったが、仏事を見世物としていたわけだ。念仏踊りもまた、室町時代になると芸能の一種となり、諸国を巡業するようになって売買春の温床となった。

このように諸国を回って生計をたてていた芸能集団は、興行を成功させるために、一座のなかに〝スター〟と呼ぶべき美少女や美少年を置いた。彼らは舞台上で舞い踊り、ときに曲芸などを見せて観客の目を引きつけ、有力者の目に留まるのを待ったわけだ。

このやり方は江戸時代の歌舞伎にも受け継がれ、歌舞伎役者が舞台で顔を売り、その後、好きものの客と枕をともにしたのである。

第二章 男娼と歌舞伎の意外な関係

――男娼文化は歌舞伎とともにあった

若衆歌舞伎の熱狂と衰退

❖少年が女装して踊る「若衆歌舞伎」の流行

京都五条《ごじょう》で発祥した「阿国歌舞伎《おくにかぶき》」はその後、北野《きたの》神社境内に拠点を移し、さらなる人気を獲得した。しかし、遊女《ゆうじょ》歌舞伎など後発の興行におされるかたちで人気が低迷し、出雲阿国《いずものおくに》一座は江戸に向かった。阿国歌舞伎は江戸でも評判となり、1607年（慶長《けいちょう》12）2月20日には江戸城に招かれるほどになった。現在、この日は「歌舞伎の日」という記念日になっている。

そして江戸でも、阿国歌舞伎を真似た見世物が現れ、各地に阿国を名乗る者が登場するようになり、遊女歌舞伎も盛んとなった。競争相手が増えれば、芝居がさらに刺激的なものとなるのは必然で、売買春も目に余るようになってきた。

そこで幕府は1629年（寛永《かんえい》6）、風俗紊乱《びんらん》を理由に阿国歌舞伎と遊女歌舞伎の禁止を通達した。これにより女性はいっさい舞台に立つことはできなくなってしまった。こうして京都と江戸を熱狂させた女歌舞伎は断絶した。

元服前の少年が女装して歌い踊った「若衆歌舞伎」の様子。阿国歌舞伎の盛況を受けてはじめられた。当初は女歌舞伎に隠れた存在だったが、女歌舞伎が禁止されるとにわかに脚光を浴びるようになった。描かれているのはすべて男性である。(『若衆歌舞伎図』出光美術館蔵)

女歌舞伎がなくなって台頭したのが、女歌舞伎の陰に隠れていた「若衆歌舞伎《わかしゅ》」だった。若衆歌舞伎は少年だけで構成された見世物である。元服《げんぷく》前で前髪が残る美しい少年が歌い踊るさまはなまめかしく、女歌舞伎がなくなったあとの娯楽のひとつとして人気を博した。

若衆歌舞伎もまた、その裏で役者に売春をさせていた。当時の歌舞伎は芸能の一種であるとともに春を売る役目も担っていたのだ。若衆歌舞伎には、舞台に立つ役者である「本子《はんこ》」と、舞台に立たない役者である「色子《いろこ》」の2種がいたが、そのどちらも売春を行った。遊女町である吉原《よしわら》では、遊女の品定めをするために「張見世《はりみせ》」（遊女が店頭の部屋に並び、客に顔見せすること）が行われていたが、若衆歌舞伎の舞台は、まさに男娼の張見世だった。

〝若衆〟とは、もともと元服前の少年全般を指す言葉だったが、若衆歌舞伎の流行により、歌舞伎役者であると同時に性を売った少年たちのことも〝若衆〟というようになった。

❖「女形」と「立役」に分離した歌舞伎

一世を風靡した若衆歌舞伎だったが、女歌舞伎と同様、売買春が目に余るようになってきた。そして1642年（寛永《かんえい》19）、「男子を女子に仕立てて物まねをさせ、なまめかしきことをさせてはならない」という禁令が出された。若衆歌舞伎が、今の歌舞伎のような芸能文化にまで昇華しておらず、「なまめかしきこと」（性的な魅力があること）をおもに演じていたことがわかる。

しかし、この禁令は徹底されなかったらしく、その翌年に、「今後、興行中は男方を受け持つ役者は

幕府からの通達により、女性を専門に演じる「女形」が誕生した。女形は売春するときも女性の格好のままである。(『男色花の素顔』国際日本文化研究センター蔵)。

だれそれ、女方を受け持つ役者はだれそれと肩書をつけ、まぎらわしくないようにせよ」という触れが江戸の座元に申し渡された。

前年の禁令よりも幕府がだいぶ譲歩した内容になっており、女方を専門に演じるのであれば少年でもかまわないということだ。これにより、歌舞伎役者は立役《たちやく》と女形《おやま》に分離した。

若衆歌舞伎はなんとか命脈を保っていたが、若衆をめぐる刃傷沙汰などが社会問題となった。そのため１６５２年（承応《じょうおう》１）、幕府は若衆歌舞伎を全面的に禁止した。ただし、禁止されたのは当初は江戸だけで、上方で禁止されたのは１６６１年(寛文《かんぶん》１)になってからだった。

江戸の男を欲情させた前髪の魅力

❖美少年のシンボルだった"前髪"

幕府が若衆《わかしゅ》歌舞伎を禁止したのは、少年役者を性の対象にした風潮が行きすぎたためだ。当時、少年とそうでない男子は、見た目に明確な違いがあった。それが前髪の有無である。世の者どもは男も女も、少年の前髪に熱狂したのである。明治時代以前、日本の男性は一定の年齢に達すると「元服《げんぷく》」という儀式を行った。現在の成人式と同じような意味合いの儀式で、元服をもってその男性は大人として認められる。だいたい12歳~17歳くらいに行われるのだが、元服のときに前髪を剃った。

額から後頭部にかけて前髪を剃った部分を月代《さかやき》といった。もともとは武家の習慣だったが、庶民も武家にならって成人したら前髪を剃るようになり、どんなに貧しい人でも月代はきれいに剃っておくことが常識となった。月代を伸ばしているのは病人か浪人くらいという風景になり、前髪はよりいっそう珍重がられた。姿は醜くても前髪さえあれば女よりも優しく見えると、井原西鶴《いはらさいかく》が書いているように、前髪は少年のシンボルであり、若さと美の代名詞でもあった。

前髪を剃る前の若衆。前髪つきの少年は、その美貌を買われて物売りに採用されることも多かった。(江戸東京博物館蔵)

禁止されても滅びなかった歌舞伎と男色

❖若衆歌舞伎が禁止される

幕府の禁令により若衆歌舞伎《わかしゅかぶき》は興行できなくなったが、すでに芝居小屋を常設していた興行主もおり、舞台の禁止は興行主にとっては死活問題であった。

たとえば、江戸四座《しざ》のひとつである猿若座《さるわかざ》は1624年（寛永《かんえい》1）に芝居小屋を建てていた。歌舞伎興行を禁止されたら小屋は立ちいかなくなる。興行主たちは必死に幕府に陳情し、そこで幕府は、刺激の少ない「物真似狂言尽くし《ものまねきょうげんづくし》」（狂言だけを上演する舞台のことで、現在の歌舞伎のルーツ）という名のもとに歌舞伎の再興を許した（物真似狂言尽くしが条件ではなかったとする説もある）。

しかし幕府は、風紀を乱す元凶だった若衆、すなわち元服《げんぷく》前の前髪つきの少年を舞台に上げることは許さなかった。そのため年齢的には元服前でも、舞台に立つ少年は皆、前髪を剃らなければならなくなった。

ここに、前髪を剃った少年が舞い踊る「野郎歌舞伎《やろうかぶき》」がはじまった。幕府は、役者が本当に前髪を剃

幕府の歌舞伎禁止の歴史

1629年（寛永6）　阿国歌舞伎と女歌舞伎を禁止

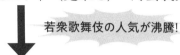

↓ 若衆歌舞伎の人気が沸騰!

1642年（寛永19）　若衆歌舞伎の男性の女装を禁止

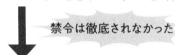

↓ 禁令は徹底されなかった

1652年（承応1）　若衆歌舞伎を禁止

↓ 前髪が禁止される

野郎歌舞伎の誕生

※上方で若衆歌舞伎が禁止されたのは1661年（寛文1）以降。

っているかどうかを確認するために定期的に検査をし、彼らの前髪が五分（約1・5センチメートル）以下になっているかどうかをチェックしたという。

しかし、前髪はなくなっても、男娼はなくならなかった。もはや歌舞伎と男娼は切っても切れない関係にあった。

前髪は若い歌舞伎役者にとって性的な魅力を醸し出す重要なツールだったが、あくまでツールのひとつにすぎない。前髪がなくなったせいで少年は大人っぽくなり、相対的に壮年の役者は老けてみえるようになったが、身のこなしや立ち居振る舞いまでが老けることはない。前髪をなくしただけで彼らの魅力がなくなるようなことはなかったし、客も変わらず役者を性の相手として買い求めた。

『絵本色好乃人式』（国立国会図書館蔵）の挿絵。右側の全裸の男性が陰間。前髪を剃った部分に乗せているのが「野郎帽子」といわれているもの。なお、一番下に組み敷かれているのは女装した陰間である。

とはいえ、この頃の役者は男娼ではあったが、不特定多数の人に春をひさいでいたわけではなく、スポンサーとなる金持ちに身を任せる存在だった。

❖月代を隠すための陰間の努力

しかし、一方の役者は、前髪がないことを気にしていたようだ。

彼らは、前髪を剃ったことを隠すために、頭に綿をつけたり頭巾《ずきん》をかぶったりした。あるいは前髪を剃った部分に色染めの手拭いを置いたり、付け髪をつけて舞台に立ったりするなど、あらゆる方法で月代《さかやき》を隠そうとした。この付け髪は「前髪鬘《まえたぼ》」と呼ばれ、役者の間で流行したが、付け髪をつけたら前髪を剃った意味がない。

そこで幕府は1665年（寛文《かんぶん》4）、前髪鬘を禁止した。

付け髪を取り上げられた役者は、再び頭にかぶり物をするようになった。これを「野郎帽子《やろうぼうし》」といった。野郎帽子は方形の絹布の四隅に錘《おもり》をつけて前髪にのせたものだ。

野郎帽子はさらに発展し、紫縮緬《むらさきちりめん》で作られるようになった。これがさらに優美であると評判を呼び、人気に拍車をかけた。

この帽子を「野郎帽子」「紫帽子」などといい、野郎帽子をつけることによって役者たちは、少々強引ではあるが、前髪がないことを隠すことに成功した。

❖陰間の寿命が延びる

一方で、役者の前髪を禁止したことは、べつの問題を引き起こした。

前髪が禁止される前までは、男娼として活動したのは前髪がある少年だけだった。しかし、少年も成人も同じ髪形になったことで少年と成人の境が曖昧《あいまい》になり、成人の男娼が登場する素地がつくられたのである。それまでは、どんなに魅力的であっても、元服して前髪を失うと多くの役者は男娼から足を洗った。しかし、前髪のない少年が男娼として活動しているため、元服後でも男娼を続けられるようになったのだ。

『男色大鑑《なんしょくおおかがみ》』には「野郎頭になったからこそ、三四、五歳になっても人の懐の中へ入れるのだ」と書かれており、30歳を超えても男娼として活動していた者がいたことを示唆している。

男娼の呼び方は歌舞伎に準じた

❖男娼の呼び方の変遷

すでに述べたように、江戸時代には元服《げんぷく》前の少年のことを「若衆《わかしゅ》」と呼んでいた。そのため、元服前の少年が舞い踊る見世物を「若衆歌舞伎」といった。舞台上の少年役者も「若衆」と呼ばれ、彼らが売春をしていたことから男娼のことも「若衆」と呼ぶようになった。

前髪が禁止されて若衆歌舞伎がなくなり「野郎《やろう》歌舞伎」がはじまると、歌舞伎役者は「野郎」と呼ばれるようになり、男娼も「野郎」と呼ばれた。

その後、長らく「野郎」が男娼の呼称として定着した。

18世紀はじめからはじまった享保《きょうほう》の改革（8代将軍・徳川吉宗《とくがわよしむね》が行った一連の幕政改革のこと）で、男娼はいったん下火になり、その後復活したあと、男娼のことを「陰間《かげま》」と呼ぶことが多くなった。

「陰間」という言葉が、このとき急に作られたわけではない。「野郎」の言葉が定着していた時代にも「陰間」という言葉はあった。歌舞伎役者のなかで舞台に立てない、いまだ芸の未熟な者のことを「陰間」

男娼の呼び方

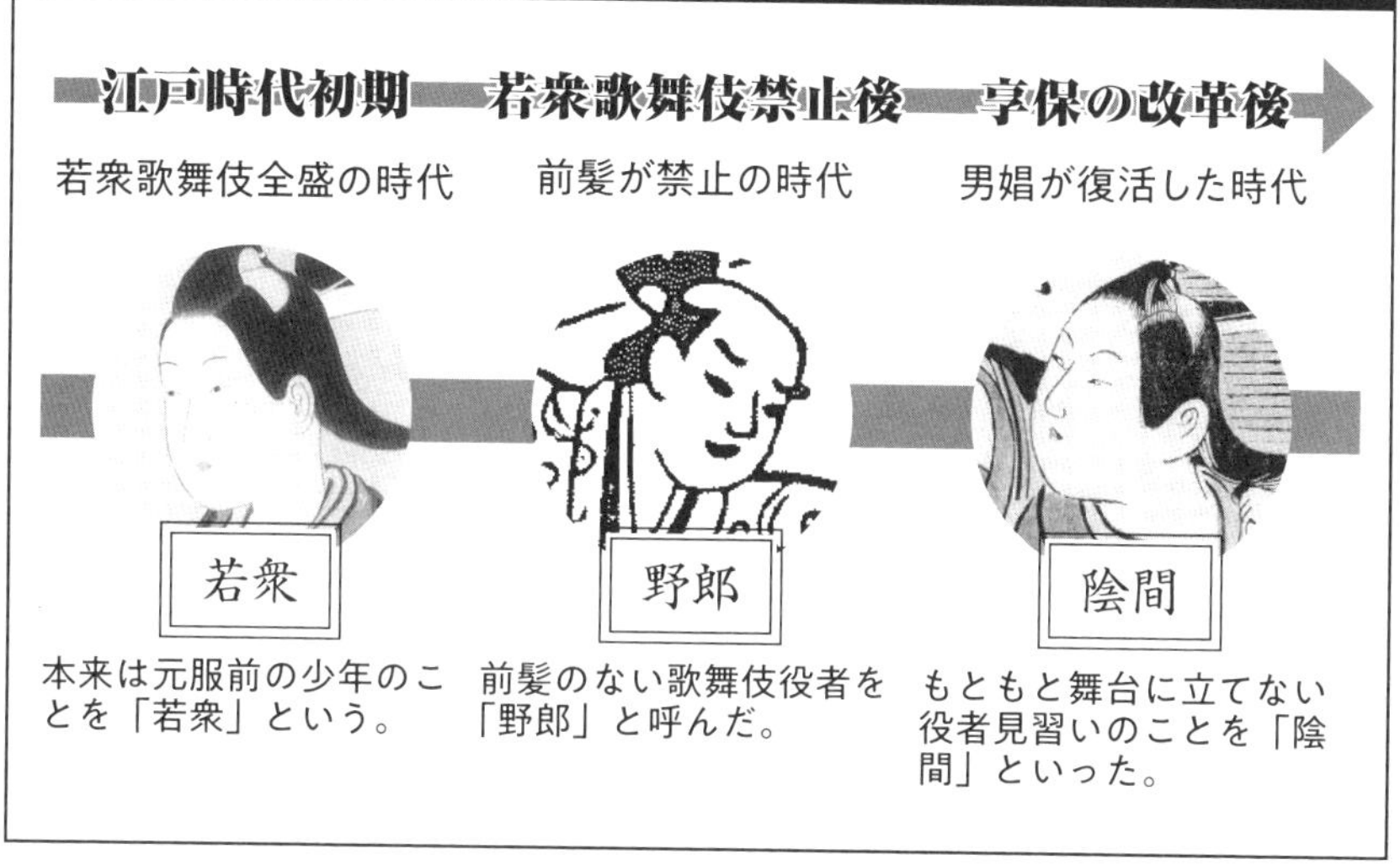
江戸時代初期
若衆歌舞伎全盛の時代
若衆歌舞伎禁止後
前髪が禁止の時代
享保の改革後
男娼が復活した時代
若衆
本来は元服前の少年のことを「若衆」という。
野郎
前髪のない歌舞伎役者を「野郎」と呼んだ。
陰間
もともと舞台に立てない役者見習いのことを「陰間」といった。

と呼んでいたのである。

1690年（元禄《げんろく》3）に発行された『人倫訓蒙図彙《じんりんきんもうずい》』という浮世草子《うきよぞうし》に、次のようなくだりがある。

「狂言役者男子を、遊女屋の女をかかゆるごとくかかへ置《おき》て、げいをしいれるなり。十四五になればそれぞれに色つくり、芝居へいだし、げいよく名をとれば、我門口に大筆にて誰やがどと名字をしるし、夜《よ》るは戸口に掛灯台《かけとうだい》に名を書付おくなり。いまだ舞台へいでぬは、かげまといふ」

狂言役者とは歌舞伎役者のことだ。日の当たる舞台に立つ前の〝影〟の場にいる少年役者ということで、当初は「影舞《かげま》」と書いたという。

そのほか、女形《おやま》の修業をしている少年を「陰子《かげご》」あるいは「色子《いろご》」といい、舞台に立つ役者を「舞台子《ぶたいご》」といった。

当時、陰間だけでなく陰子も舞台子も男娼行為を行っていたが、享保の改革前まではそういう男娼のことは総称して「野郎」と呼ばれていた。

さて、男娼のことを「陰間」と呼ぶようになると、芝居の舞台に関係するしないにかかわらず、すべての男娼が「陰間」と呼ばれるようになった。

とはいえ、すべてが「陰間」で統一されたわけではなく、「若衆」「野郎」という呼び方も併用して使われていたようである。また、売色専門の男娼を「子供」と称することもあった。

このように、若衆も野郎も陰間も、歌舞伎で使われていた言葉が男娼と結びついたのである。

なお、現在のゲイ用語で、挿入する側の男性を「タチ」というが、歌舞伎で男役の役者のことを「立役《たちやく》」ということが由来とされている。

こらむ 「陰間」の語源のもうひとつの説

「陰間」という言葉は歌舞伎役者の呼び方が語源とされているが、もうひとつ別の説がある。

若い少年を性の対象にするのは、日本では寺院が多く行ってきたことだった。江戸時代どころか、平安時代後期にはすでに「稚児《ちご》」と呼ばれる女性のような少年が寺院に入り、僧侶たちの性の対象とされた。

高野山《こうやさん》などの密教の寺には、かつて厠《かわや》（トイレ）の隣に一室が設けられていたが、この部屋を「陰間」と呼んだ。

その部屋で稚児と僧侶との情事が行われていたことから、男娼のことを「陰間」というようになったとする説もある。

歌舞伎若衆の売春事情

❖大スター・上村吉弥への熱狂

駕籠に乗って女性の家に向かう上村吉弥。通常は歩いていくことが多かったが、吉弥がすでにスーパースターだったことから駕籠を使ったのだろう。(『男色大鑑』、国立国会図書館蔵)

歌舞伎には男方（立役《たちやく》）と女方（女形《おやま》）がおり、江戸時代はどちらも売春も行っていた。江戸時代初期の頃は、大柄で力強い若衆《わかしゅ》の人気が高かったというが、武士や僧侶の間では女形の人気も高かった。武士の間で行われていた「衆道《しゅどう》」では、若衆の外見は振袖に身を飾った華やかなものだったせいもあるだろう。

寛文《かんぶん》～延宝《えんぽう》期（1661～1681年）の京都に、上村吉弥《かみむらきちや》という美貌の女形がいた。吉弥は「京女一子細あるは、ここに立ちかさなりもとめて帰りし」といわれるほどの評判になった。京都の女性は上村吉弥を見るために列をなし、吉弥を探し求めなければ見つけられないほどの人混みだったというわけだ。

あるとき、吉弥が高い身分の家に買われ、舞台姿のまま、つまり女形の姿のままでその屋敷に出かけた。吉弥を買ったのは、その家の当主の妹で、部屋に入ると多くの女たちが吉弥を出迎えた。しかし、当時の大スターである吉弥の登場に、女たちが異様に騒ぎ出したため、当主に気づかれてしまった。妹は当初、女装姿の吉弥を「女性である」と紹介したが隠し通すことはできず、結局吉弥はその夜、当主に抱かれることになり、妹は非常にがっかりしたという。

歌舞伎役者は「芝居の果てより夜の明くるまで、我がもの」（芝居が終わってから夜が明けるまで客の自由）といわれたように、男娼としての役者は相手が女性だろうが男性だろうが、相手をつとめなければならなかった。

こらむ

歌舞伎役者に声援を送った人々

『江戸名所記』（1662年［寛文《かんぶん》2］）に当時の江戸禰宜《ねぎ》町の歌舞伎の観客の様子として、次のように書かれている。「前列の客は中腰になり、後ろの席の客は背伸びをし、桟敷の客は耳元まで口をあけ、よだれをたらし、『ああ、お日様の光のような若衆様のお姿、お天道様だ！』などと口々にわめく」

熱狂した観客は、「親はないか！」（こんな素晴らしい芸を親に見せて楽しむ親の顔が見たい）、「ちょいちょい！」（最高、最高！）、「ころすか、ぶっころすか！」（こんなに陶酔させて殺すつもりか！）などと、口々に役者に対して声援を送ったという。

歌舞伎の花形は女装姿の女形だった

❖格も給料も最上級だった女形

江戸時代に花開いた歌舞伎は、男性だけが舞台に上がる若衆《わかしゅ》歌舞伎が起源だが、阿国《おくに》歌舞伎を参考にはじめられた見世物である。若衆歌舞伎が禁止されたあとに立役《たちやく》と女形《おやま》が完全に分離されたが、女役は当初からおり、より観衆を熱狂させたのは女役の女装姿だったという。現代の歌舞伎は立役がメインだが、江戸時代では女形のファッションを庶民の女性が真似をするほど女形は人気を博した。「太夫《たゆう》」という称号を名乗れたのは女形だけで、給料も女形のほうが高かった。

江戸時代の女形は、日常生活も女性のまま過ごしていたといわれ、女形の第一人者として著名な芳沢《よしざわ》あやめ（初代）は、舞台上で女らしさを演じるためには常日頃から自分が女性であることを意識しないといけないと書き記している。

そういう理由もあって、女形は若いうちは陰間茶屋《かげまちゃや》で男性相手の男娼となった。1814年（文化《ぶんか》11）に刊行された『塵塚談《ちりずかだん》』という随筆集に、「この色子《いろこ》ども末々《すえずえ》は皆役者になれり、女形《おやま》は多くはこ

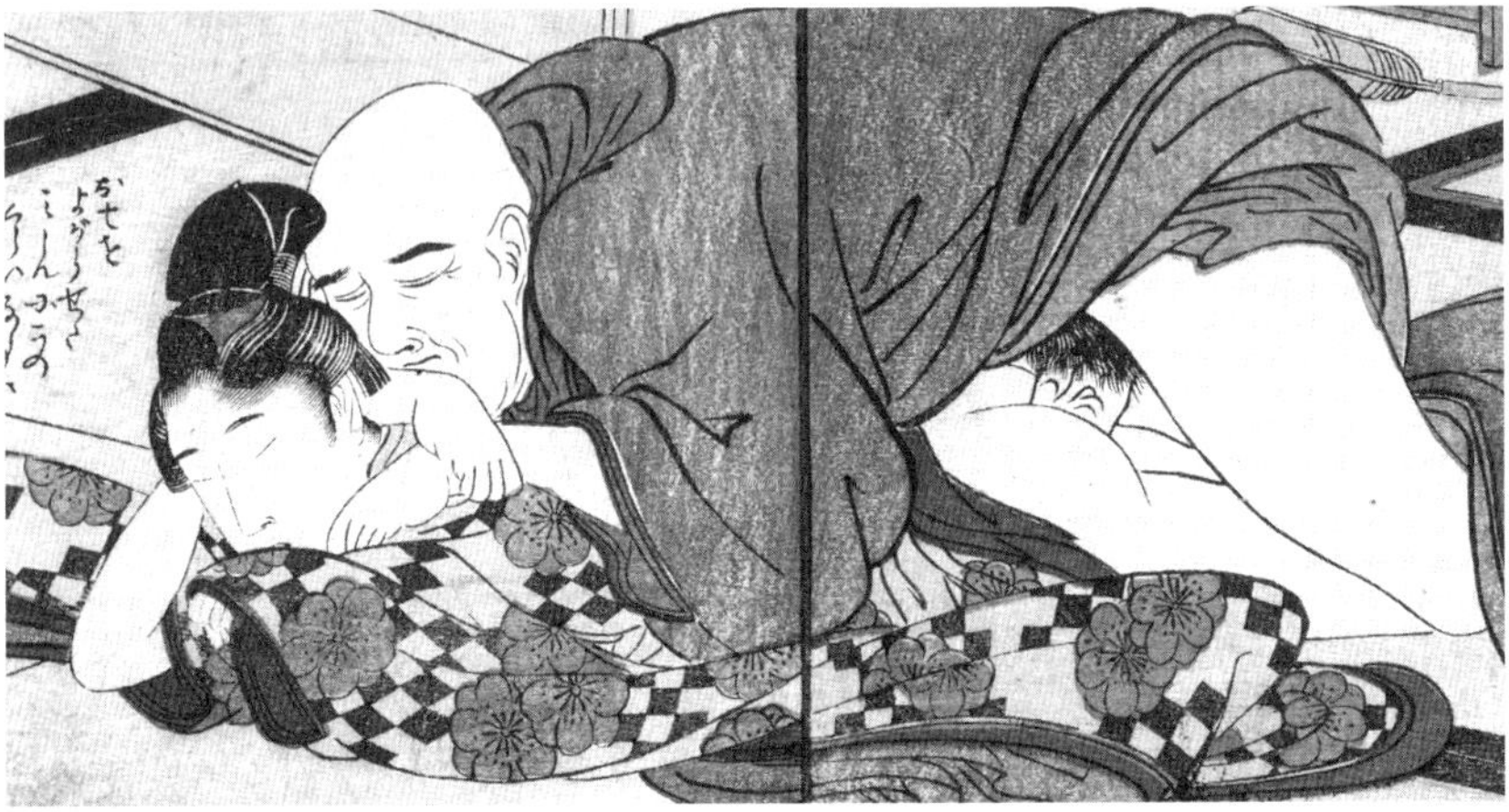

外見は女性そのものだが、これは女装した陰間である。女形になるための修行のひとつとして陰間になる者もおり、陰間出身の女形も多く存在した。(『帆柱丸』、国際日本文化研究センター蔵)

の者どもより出《い》で来《き》て、上手《じょうず》と云《い》ふ地位に至りしも多くありける」と書かれており、女形の多くが男娼出身だったという。

彼らは座敷でも女装姿でサービスを提供した。芳沢あやめも男娼を経験したのちに舞台子《ぶたいこ》となり、歴史に名を残す女形にまで成長した。

女性として生活していた芳沢だが、一方では妻帯して子供ももうけた。ほかにも子供をもうけた女形はたくさんいた。

日常を女性として生活していた女形が妻をめとることに矛盾がなかったのが江戸時代の文化であった。女になったのだから、性的交渉が男性のみというわけではなかったのである。

第三章

江戸の人々は男娼とどう遊んだか

——「陰間」と「陰間茶屋」の全貌

男娼と遊べる陰間茶屋

❖男娼を斡旋した店

江戸時代、男娼が「野郎《やろう》」とか「陰間《かげま》」などと呼ばれていたように、現代の日本にも男娼はいる。彼らはたいていは店に所属し、指名されたら仕事をするというかたちをとっている。

男娼を置き斡旋する店のことを現代では「売り専《うせん》」というが、江戸時代は「陰間茶屋《かげまちゃや》」といった。なお、関西地方では「若衆茶屋《わかしゅ》」「野郎茶屋」と呼ばれることが多かったが、煩雑になるので本書では「陰間茶屋」で統一する。また、男娼は「陰間」とする。

もともと歌舞伎の劇場には、お金をもっている大店《おおだな》の町人や武士を招くための特別席のような場所が設けられていた。そこでお酒を飲んだり、幕間に役者を呼んだり、役者と逢引きの約束をしたりしたという。

陰間茶屋はもともと、歌舞伎見物に来た客が上演前後に楽しむ場所だった。当時の歌舞伎は今とは違い、役者がその茶屋で客をもてなした。そのもてなしの一つに、男色があった。昼間に舞台をつとめた

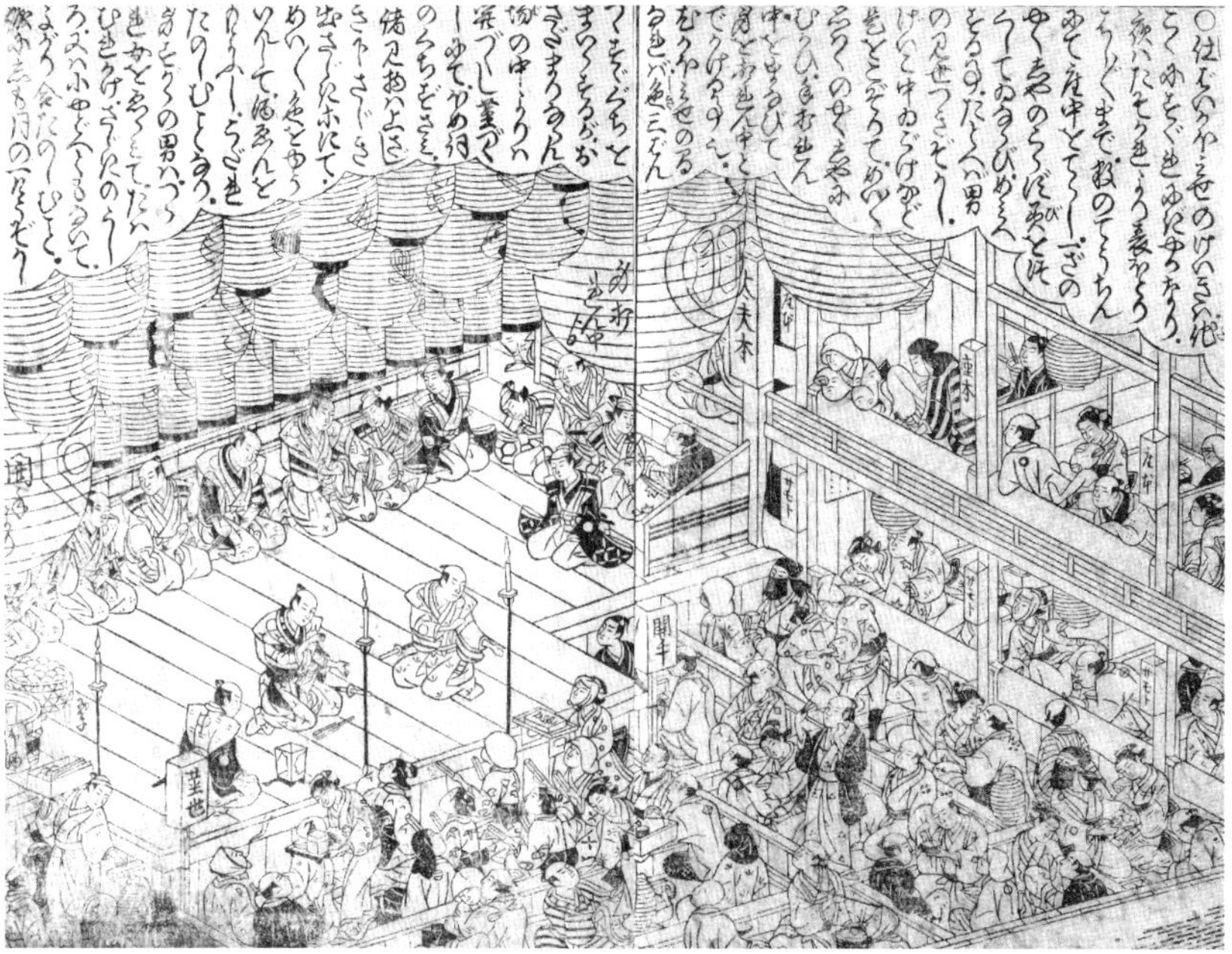

歌舞伎の顔見世興行をパロディにした絵。右側の二階部分が特別な客を招く場所。『女貞訓下所文庫』（国際日本文化研究センター蔵）

役者が、夜になると茶屋に上がり、客の求めに応じて男色の相手をしたのである。これが陰間茶屋の発祥とされる。なかには歌舞伎の劇場と渡り廊下で直接つながった茶屋も存在した。

陰間茶屋の誕生当時のお得意様は武士だった。まだ経済が十分に発達しておらず、戦国時代の遺風が残っていた当時、町人のランクは依然低かったからだ。よほどのお大尽《だいじん》でなければ町人は陰間茶屋には通えなかった。

時代がくだると、自らは陰間を抱えず、陰間を仲介するだけの陰間茶屋も現れた。その場合、陰間を抱えていた「子供《こども》屋《や》」という店に陰間の派遣を依頼し、客はその茶屋で陰間と遊ぶことになる。

陰間と遊ぶ方法

❖陰間を呼んでもらう

陰間と遊びたいときは陰間茶屋《かげまちゃや》に行くのが手っ取り早い。芝居小屋に併設されている陰間茶屋なら、茶屋に所属している陰間を呼ぶだけでいい。

芝居小屋とは関係ない陰間茶屋の場合は、茶屋のほうが子供屋に連絡して陰間を手配してくれる。客は料理茶屋などで陰間が来るのを待つ。

陰間が来ると、料理を食べながらまず陰間の芸事のお披露目がある。三味線を弾いたり踊りを踊ったり歌を歌ったりする。そのほか陰間や茶屋の使用人などと一緒に拳遊びをしたり、盃を交わしたり、同衾するまでに時間がかかった。

そのほかにも陰間と遊ぶ方法はあった。遊女を住み込みで抱えている茶屋に行き、そこの経営者に陰間を呼んでもらう。遊女と陰間の両方を斡旋する店もあったのである。

「よがりやの二階へ上《あが》る二人づれ」という川柳があるように、茶屋のなかには二階建ての店もあり、一

町中にあった出合茶屋。二階が情事を行う場所となっている。『大晦日曙草紙』（早稲田大学図書館蔵）

階では普通にお茶を提供し、陰間と遊ぶ人間は二階に上がる。

ただし、『好色一代女《こうしょくいちだいおんな》』（井原西鶴《いはらさいかく》）に書かれているように、「二階にあがれば内義おつぶりおつぶりと気を付けるに、何事ぞとおもへば軒ひくうして、立つこと不自由なり」（二階に上がると、おかみさんが「頭、頭に気をつけて」というので何事かと思うと、軒が低く、立つことさえできない）という非常に狭い店もあった。

また、二階建てといってもそれほど広い店があるわけではなく、ひとつの部屋を屏風などで仕切って個室のようにしていた。襖《ふすま》もなにもないから、隣の情事を覗こうと思えば覗けたし、情事の最中の声も筒抜けだった。平屋の茶屋の場合は、奥に情事用の部屋がある。

陰間と遊ぶ時間は決められていた

❖線香ではかった遊び時間

陰間茶屋で陰間と遊ぶ場合、時間が決められていた。「仕舞《しまい》」と「片仕舞《かたじまい》」などと呼ばれたもので、「仕舞」は一晩、すなわち朝まで一緒にいられる。「片仕舞」はだいたい2～3時間だった。そのほか「一ト切《ひときり》」といわれるものがあり、だいたい40～60分くらいだったとされる。

江戸時代、正確に時を刻む時計はない。そこで、当時の人々は、線香をタイマー代わりに使った。線香を立てて、それが燃え尽きるまでを陰間と遊ぶ制限時間とした。線香1本が燃え尽きるまでを「一ト切」といった。

線香は木箱の上に立てられ、どの線香がどの陰間かがわかるように、線香の下に名前がかかれていた。線香に火がつけられるのは、陰間と客が部屋に入ったときで、時間が来ると付き人が知らせにきた。初期の陰間茶屋では、店の女性が線香をもって部屋に入ってきて、終了時間を告げたという。

陰間と客との情事の時間をはかる付き人。木箱の上に線香が５本並べられており、５人の陰間が客と性交していたことがわかる。（『男色山路露』国際日本文化研究センター蔵）

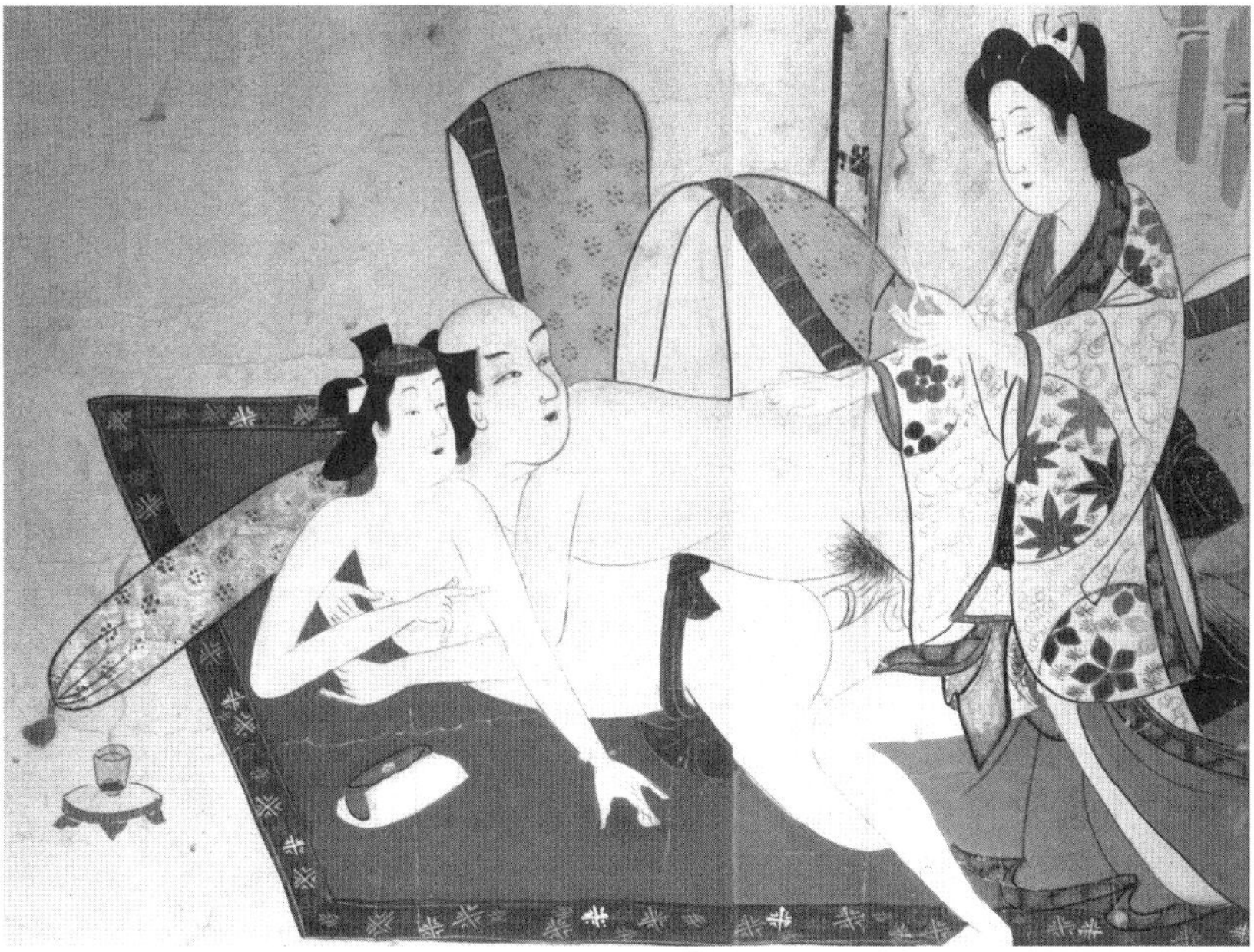

茶屋の女が時間切れを知らせにやってきた場面。見づらいが、女性は左手に線香をもち、右手で客の男性の背中をたたいている。（『男色風俗絵巻』より）

陰間茶屋以外でも陰間と遊べた

❖陰間と遊ぶための場所「かし座敷」

江戸時代にも、男娼を斡旋するだけで茶屋を提供しない陰間茶屋《かげまちゃや》もあった。すでに述べたように、そういう店は「子供屋《こどもや》」という陰間を抱えている置屋に陰間の派遣を依頼し、陰間は茶屋以外の場所で客に会った。

茶屋以外の場所として、「かし座敷」があった。

かし座敷とは、情事のために短時間提供された部屋のことである。本来は、男と女の情事のために設けられた施設だったが、男性同士でも利用することがあったし、陰間と遊びたい女性が利用することもあった。

料理屋がかし座敷を兼業する場合も多く、そういう店では、料理屋の看板を表に出しながら、かし座敷の看板も出していた。

「かし座敷　大門屋」という立て看板が書かれている。大門屋は江戸の料理屋で、かし座敷を兼業していた。(富山県立図書館蔵)

❖出合茶屋を利用した後家さん

かし座敷と同じような施設に「出合《であい》茶屋」があった。

こちらも本来は男女の情事のときに使われるための施設だった。

「へんなやつ若衆《わかしゅ》をつれて出合茶屋」

という川柳があるように、陰間も使用した。出合茶屋を使う場合は、陰間茶屋や遊女屋などを通さずにフリーの陰間と遊ぶときが多かったという。もちろん、金品の授受をともなわない、陰間ではない同性愛者同士が使用することもあった。

なかでも出合茶屋を多く使ったのは、陰間買いの後家だったという。

出合茶屋後家はむす子をつれて来《くる》

という川柳《せんりゅう》があるが、息子に見えるほど年の離れた陰間と出合茶屋に来る後家がいたということだ。

❖屋形船にも出張した陰間

そのほか、客が遊興に出かけた先に陰間が出張することもあった。たとえば花見の席に陰間を呼び出し、酒の相手をさせたりした。この場合、身体の関係はまた別の場所で行われたであろうことは想像に難くない。

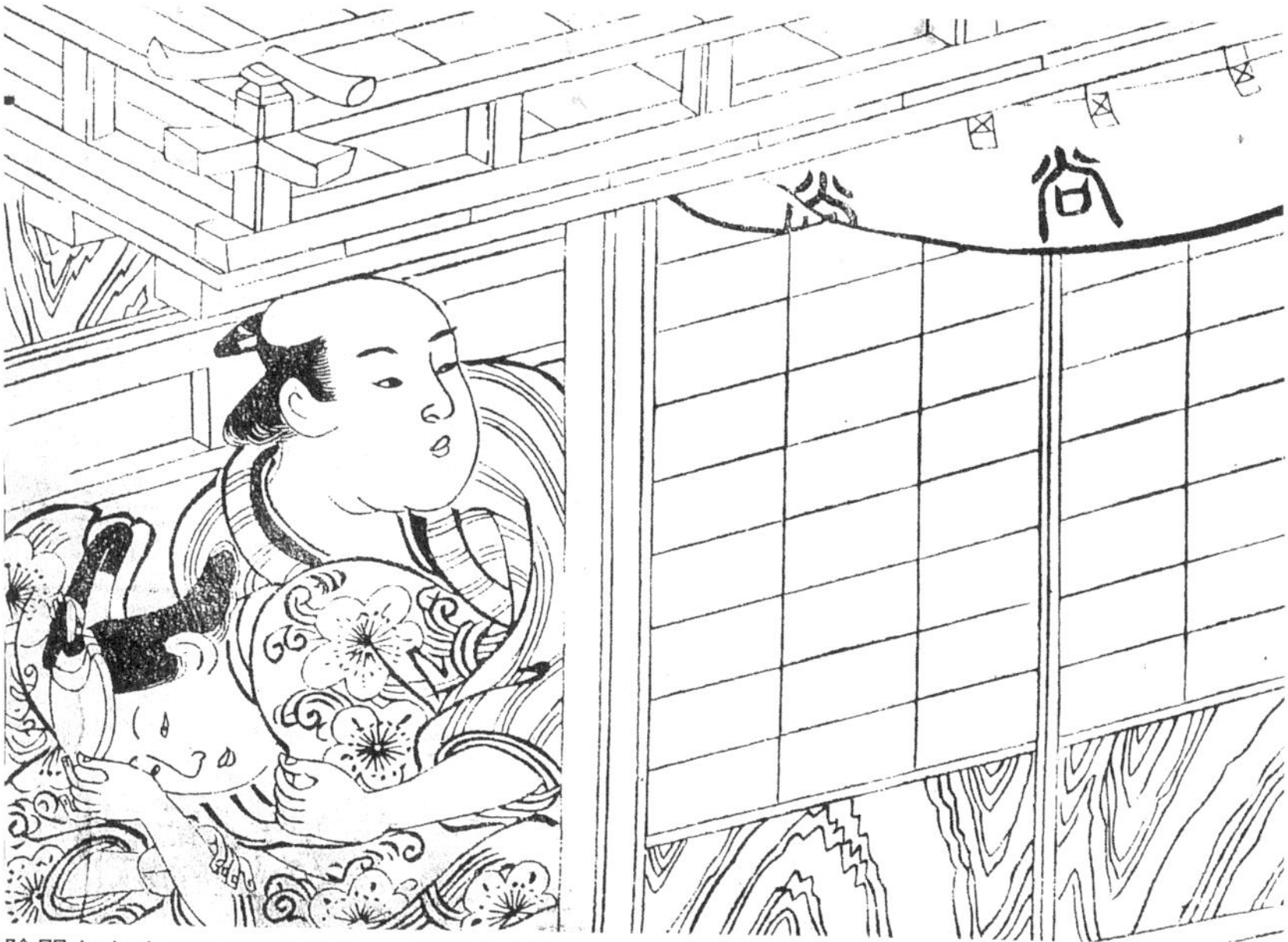

陰間とともに屋形船に乗って情事を楽しむ町人男性。この絵を描いたのは京都の浮世絵師・西川祐信である。京都では陰間と遊ぶとき、茶屋だけでなく、陰間が客のところに出向くこともあった。船で遊ぶ場合、茶屋で遊ぶよりもお金がかかっただろう。(『風流色著』)

左上の酒席で酒をついでいるのが陰間。こうしたところに陰間が出張する場合もあったようだ。（『笑今川』）

屋形船に陰間を呼んで、つかの間の逢瀬を楽しむ客もいた。屋形船といっても、当時は2人乗りの屋形船もあったので、密会を楽しむにはちょうどよかったのかもしれない。

また、陰間を買ってともに遊郭に遊びに行く客もいた。陰間と遊女を両方買うわけだから、かなり裕福な者でなければできない遊び方である。

客に連れられて遊郭に行った陰間が、遊女の魅力にほだされて、客をしり目に遊女と一夜を過ごしたところ、茶屋への支払いをすべて陰間に押し付けて客が帰ってしまったという話も残されている。

遊女屋で陰間と遊女と遊ぶ町人風の客。いちばん下に組み敷かれているのが陰間で、それに抱きついているのが遊女。(『閨の雛形』)

陰間の年齢は20歳が上限ってホント？

❖陰間の年齢はいちがいに決められない

歌舞伎役者（役者見習いも含む）が男娼も兼ねる場合、10歳～18歳くらいが普通だったといい、遅くても20歳ころまでを限りとした。

『男色実語教《なんしょくじつごきょう》』（1701年〔元禄《げんろく》14〕）という浮世草子《うきよぞうし》には、「十六歳を若衆《わかしゅ》の春と言うべきです。十一より四までが花のつぼみ、十五より八が盛りの花、十九より二十二までを散る花と定めるべきでしょう」とある。

当時の男娼は「タケノコ」という異名があった。「成長すれば食われず」（『甲子夜話《かっしやわ》』）が語源で、男娼は成長したらお役御免になったというわけだ。

ただし、すべての陰間がこの年齢だったわけではない。たとえば、少々年を食った男性を好きな客もいたし、陰間茶屋も若い男の子ばかりを集めていたのでは客の需要にこたえられない。

1784年（天明《てんめい》4）に発刊された『番枕陸之翠《つがいまくらくがのみどり》』（勝川春章《かつかわしゅんしょう》）という春本には、元服を済ませた大

陰間茶屋での遊興の様子。全員女性のように見えるが、黒い羽織を着ているのが陰間である。客はすべて女性だ。女装した男娼が当時は人気だった。(『かくれ閭』国立国会図書館蔵)

元服をすませた成人と情事を楽しむ男性。すべての男色好きが若者をひいきにしたわけではなく、年をとった男性が好きな者もいた。そういう人のために、若者以外の陰間を置く陰間茶屋もあった。(『男色山路露』国際日本文化研究センター蔵)

人の陰間が描かれているし、1682年（天《てん》和《わ》2）発行の『好色一代男《こうしょくいちだいおとこ》』（井原西鶴《いはらさいかく》）の主人公・世之介《よのすけ》が買った男娼は24歳だった。『諸遊芥子鹿子《しょゆうけしかのこ》』（1710年〔宝永《ほうえい》7〕）には43歳まで振袖を着て陰間をつとめた男の話が出てくる。

幕末の随筆『手前味噌《てまえみそ》』（三世中村仲蔵《なかむらなかぞう》）には、19歳の陰間に向かって「いまだ二十《はたち》にもならぬに、かくまで客の落ちしは、ひっきょう閨房《けいぼう》待遇鈍きゆえならん」と陰間を叱責する親方の話が出てくる。20歳を過ぎても陰間をつとめることが当然という口ぶりである。

また、後家など年齢を重ねた女性客は、10歳代の少年よりも20歳代の青年を好んだともいわれる。「古い釜買《かい》て後家蓋《ふた》おっかぶせ」という川柳があるように、後家の相手は古く

女性を相手にする陰間。元服をすませ、すっかり大人の風貌であるが、後家や奥女中などには大人の陰間の需要があった。そのため 20 歳どころか 30 歳を過ぎても陰間として春をひさいでいた者もいた。（『番枕陸之翠』）

なった（年を取った）陰間が担当した。

平賀源内《ひらがげんない》による『風流志道軒伝《ふうりゅうしどうけんでん》』（1763年〔宝暦《ほうれき》13〕）には、「四十過ぎての振袖、頬《ほお》髭《ひげ》の跡青ざめたるも見ゆ」という記述もある。続けて「是等《これら》を玩《あそ》ぶ人は好の至りれるなり」と書かれているから、40歳過ぎの男娼でも需要はあったことがわかる。

『男色大鑑《なんしょくおおかがみ》』（1687年〔貞享《じょうきょう》4〕）には34～35歳まで若衆顔をして陰間をしていた男がいたと記述されているし、『麓《ふもと》の色《いろ》』（1768年〔明和《めいわ》5〕）という浮世草子には60歳を過ぎても若衆姿を改めなかった陰間がいたと書かれている。

❖年をごまかすために前髪を伸ばす

とはいえ、若い陰間のほうが需要が高かったのは事実であった。

さまざまなタイプの陰間

外見はまるっきり女性の、女装した陰間。

男らしい陰間。舞台では立役をつとめる役者。

前髪つきの陰間。女性っぽさは残すが、決して女性的な感じではない美青年風。

野郎帽子をかぶった陰間。前髪は剃っているが女性っぽさを残す中世的な少年。

すでに述べたように、1652年（承応《じょうおう》1）に若衆歌舞伎が禁止され、歌舞伎役者は元服前の少年であっても前髪を剃らなければならなくなった。

しかし、前髪を禁止されたのは、あくまで歌舞伎役者であり、役者ではない若衆は前髪を切らなくてもよかったし、舞台に立たない役者見習いも、前髪を剃る必要はなかった。そのため、陰間茶屋は役者ではない普通の若衆も所属させるようになった。

また、宮芝居や地方芝居の役者にも、前髪禁止は適用されなかったらしく、井原西鶴の『好色一代男』には、前髪を剃っていない地方芝居の陰間の話が出てくる。

陰間のなかには、自らを若く見せるために、元服の年ごろを過ぎても前髪を切らない者もいたという。

こらむ

5代将軍・徳川綱吉の男あさり

生類憐みの令で知られる5代将軍・徳川綱吉《とくがわつなよし》には、男色がらみの話が多く残されている。江戸時代の史書『三王外記《さんおうがいき》』には、「綱吉は男色を好み、大名家から幕府旗本《はたもと》・御家人《ごけにん》の子弟に至るまで、低い身分であっても容姿端麗の者は皆近習《きんじゅ》に取り立てた」と書かれている。

綱吉の側近といえば柳沢吉保《やなぎさわよしやす》が有名だが、吉保も綱吉と男色関係を結んでいたともいわれている。

綱吉の男色好きは有名だったようで、綱吉と同時代に書かれたとされる『土芥寇讎記《どかいこうしゅうき》』（1690〔元禄3〕）という書には、綱吉について「男色ヲ好ム」「美童ヲ愛ス」と書かれている。

関西地方の陰間が珍重された

❖江戸時代の男娼は関西からはじまった

男色好きではない人間は勘違いしがちだが、男色好きは男なら誰でもいいというわけではない。好みは千差万別である。

だから陰間茶屋《かげまちゃや》にはさまざまなタイプの陰間が所属することになった。女形《おやま》を担当する女性的な陰間もいれば、立役《たちやく》の男性的なタイプもいたし、女装をして外見はまるっきり女性のような陰間もいれば、舞台には立たない前髪を伸ばした陰間もいた。前項で述べたように、年齢にも幅があった。一番人気は、年端もいかない華奢《きゃしゃ》で美少年タイプの陰間だった。『田夫物語《でんぷものがたり》』という浮世草子《うきよぞうし》（寛永《かんえい》年間〔1624～1644〕）には「若衆が華奢であるのは、高家大名高位高官の出家たちが、もっぱらこの道を好んだからと書かれている。

陰間の多くは、もちろん現地で調達する。しかし、大坂や京都出身の陰間は、江戸の陰間に比べて所作が美しいとされ、「下《くだ》り」あるいは「下り子」「下りさま」などと呼ばれて珍重された。江戸出身の陰間は気風が荒々しく、言葉遣いも粗野だったという。いわゆる江戸っ子気質だったのである。「東男《あずまおとこ》に京女《きょうおんな》」という言葉があるが、京都の女性はしとやかで女性らしいとされており。陰間にもその女性らしさが求められたということだろう。

日本に抑留されたことがあるロシア提督ゴローニン（1811〔文化《ぶんか》8〕～1813〔文化10〕まで滞日）は、「京都地方は美しい男性で有名で、『おぞましい罪』にたずさわる若者の多くは京都出身者である」と書いている。「おぞましい罪」とは、男性の売買春のことで、京都出身の陰間が多いことは外国人にも知られていたほど有名だったようだ。

❖江戸の陰間が敬遠された理由

下りの陰間の人気が高く、1764年（明和《めいわ》1）発刊の『男色細見《なんしょくさいけん》』（平賀源内《ひらがげんない》）によると、「若衆多くハ京大阪より下る故《ゆえ》、近年地の仕立子《したてこ》、又ハ外《ほか》より抱《かかえ》たるも初《はじめ》て出す時ハ、下りと披露す」（陰間の多くは京都・大坂から来るため、近頃は現地で調達した陰間や、京阪以外で調達した陰間でも、はじめて客に出すときは「下り」と紹介する）とあり、江戸出身の陰間のなかには、「下り」を詐称する者もいたようだ。

また、『風俗七遊談《ふうぞくしちゆうだん》』（1756年〔宝暦《ほうれき》6〕）にも「京都大坂の産は色もあり芸もよし。江戸の産は美なるありといへども、其《その》気甚荒《はなはだ》し」（京都・大坂出身の陰間は色気があり芸事もしっかりしている。一方、江戸出身の陰間は美しいが気性が荒い）とある。

あるとき、関西出身の陰間しかおいたことがなかった陰間茶屋が、江戸の少年を養って陰間に仕立てて出したことがあった。しかし、言動に柔らか味を欠く性質で、荒々しい振る舞いが多かったので、売れ行きが悪かったという。

『男色山路露《なんしょくやまじのつゆ》』（享保《きょうほう》年間〔1716〜1736〕）に、若衆を探すために関西地方に出かける大名の家来の話がある。

あるとき須魔田主計《すまたしゅけい》という家人が、大坂にいったときに陰間と舟遊びをして楽しかったということを主人である殿様に報告した。すると、「いか様上方のわか衆は、一入心《ひとしお》もすいにて、おもしろからん。さらば召かかへて参るべし」（たしかに関西方面の若衆は、江戸に比べて一段と洗練されていて楽しいだろう。召し抱えてまいれ）と命じられ、再び関西まで出かけて13、14〜17、18の美しい若衆を連れて帰った。殿様がそのなかの一人を抱こうとすると、その若衆は「はづかしそふにうぢついた」（恥ずかしそうにためらった）という。それが、上方の若衆の特徴である物腰の柔らかさだった。

文化年間（1804〜1818）頃になると、歌舞伎役者を兼ねる陰間は京都出身者だけになったとする書もある。

❖陰間のスカウトもあった

京都や大坂では、陰間茶屋に所属する陰間は俳優の弟子となることがほとんどだった。歌舞伎が流行し、陰間の需要が高まると、他店に対抗するためにもより美しい少年を抱える必要が出てきた。そこで

奥から京女、東男、難波色子。女なら京都、男なら関東、陰間なら関西という一般的なイメージが当時はあったようだ。(『京女　東男　難波色子』)

師匠自らが美少年を探し求めてスカウトした。なかには6年契約で77両（約60万円）という契約金を積んでスカウトした師匠もいたという。

しかし、こうした事例は例外中の例外である。多くの陰間は、金銭によって芝居小屋に売られてくる場合が多かった。

幕末の歌舞伎役者・中村仲蔵《なかむらなかぞう》（1809〜1886）の著書『手前味噌《てまえみそ》』に、歌舞伎小屋に売られた陰間の話が出てくる。9歳のころに京都宮川町《みやがわちょう》の小屋に売られた少年は錦弥《きんや》と名付けられ、12歳のころから陰間として春をひさぐことを強制された。美少年で、女性と見まがう外見だったことから人気が出て、客が絶えることがなかったが、19歳になって陰間としての人気が衰えると、主人から日常的に折檻を受けるようになったという。

こうした仕打ちに耐えていた陰間もなかにはいたのである。なお、中村はこの陰間を四世松本幸四郎《まつもとこうしろう》としているが、『近世日本演劇史』（井原敏郎）によると中村の記憶違いのようである。

陰間茶屋以外にも陰間はいた

❖春を売ったフリーの陰間

陰間茶屋《かげまちゃや》の人気が出ると、それにあやかろうとする者が出てきた。たとえば、商人のなかには前髪を伸ばして若衆《わかしゅ》の格好を真似して春をひさぐ者もいた。1670年（寛文《かんぶん》10）、幕府が「今度《こんたび》御触《おふれ》有之《ありの》前髪付之商人共前髪おとし商売いたさせ可申候」（このたびのお触れにある前髪付きの商人たちは前髪を剃って商売させるべし）という禁令を発しており、その数がひとりやふたりにとどまらなかったことを示している。

陰間茶屋に所属せず、個人で営業する陰間もいた。

たとえば、「小草履取《こぞうりとり》」という男娼がいた。これは、香の材料である麝香《じゃこう》や白檀《びゃくだん》などを売る「香具《こうぐ》屋《や》」を営みながら、身体を売っていた少年である。

井原西鶴《いはらさいかく》の『好色一代男《こうしょくいちだいおとこ》』に、次のような話がある。

「十五六なる少年、鹿子繻子《かのこしゅす》の後帯《うしろおび》、中脇差印籠巾着《ちゅうわきざしいんろうきんちゃく》もしほらしく、高崎足袋筒短《たかさきたびつつ》かに、がす雪踏《せった》をはき、髪は髱《たぼ》少なに、髷《まげ》を大きく高く結ばせて、つづきて桐の挟み箱の上に小帳十露盤《こちょうそろばん》をかさね、利口そうなる男の行くは、人の目に立たぬやうに拵《こしら》へて見る程美しき風情なり。是《これ》なん香具売《こうぐうり》と申す」

15～16歳の少年が鹿子や繻子の帯を後ろで結び、脇差と印籠を身につける姿は優雅で、丈の短い高崎足袋と安物の雪駄を履き、髪は髱（髪形の後ろの部分）が小さく、髷は大きく高く結んで、挟み箱の上に帳面とそろばんを重ねて利口そうに歩いている姿は、見るほどに美しいという。

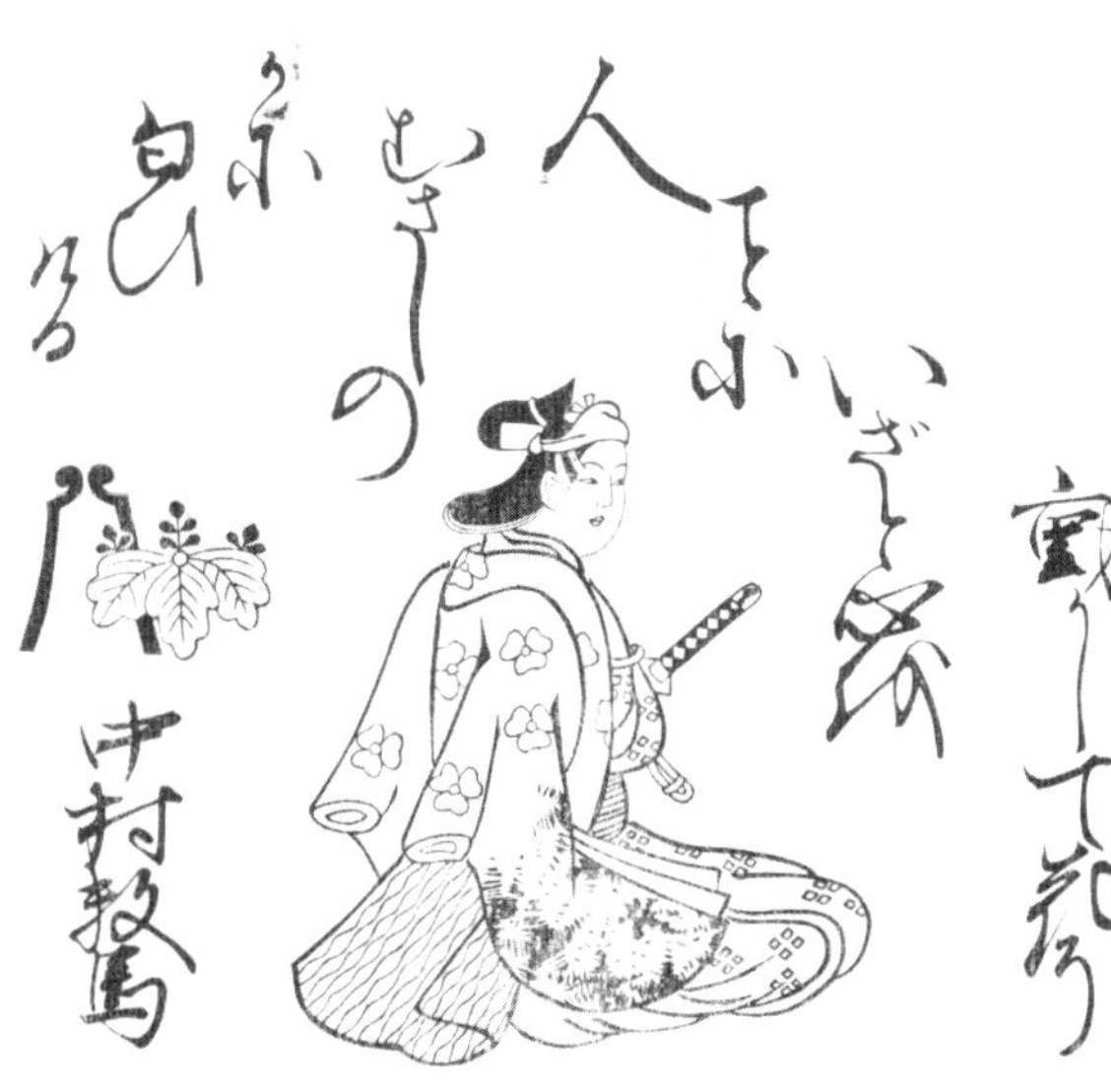

役者をやめたあと日本橋で伽羅油店を出した中村数馬。その店では、表向きは伽羅油を売っていたが、店内では陰間の商売をしていた。(『古今四場居百人一首』)

　これが香具売りの外見で、芝神明前《しばしんめいまえ》あたりがその巣窟だったという。

　伽羅油《きゃらあぶら》売りや元結《もとゆい》売り、扇子《せんす》の地紙《じがみ》売りなどに身をやつして、それぞれの商売を表看板にして、その裏で男色を売りにした少年もいた。

　元禄《げんろく》（1688～1704）の頃には、役者上がりの中村数馬《なかむらかずま》という者が江戸は日本橋室町《むろまち》一丁目に伽羅油店を出したが、店内では陰間と同様の仕事を行い繁昌したという。そして、数馬を真似した少年が多く出現した。

商品を売り歩く「香具売」の少年。香の材料だけでなく、若い身体も売っていた。（『野白内証鑑』国立国会図書館蔵）

❖江戸の町にいた素人の陰間

素人の陰間に「地若衆《ぢわかしゅ》」という者もいた。地若衆とは陰間に対して町にいる普通の若衆のことをいう言葉だが、地若衆のなかにはフリーで男娼をしている少年もいた。『さしまくら』（1773年〔安永《あんえい》2〕）という春本に、地若衆を買った男の話がある。

「地若衆を口説けば、早速合点して、しかも泊《とまり》に来る。夜着の内にて後を向せければ、『前からがよい』といふて腹の上へ乗せ、足をぐつとあげ、始めから『荒く突《つき》て荒く突て』と好み……」

地若衆を口説いて家に招き、後ろから挿入しようとしたところ、地若衆のほうが「前から入れてほしい」というので相手を腹の上に乗せて行った。すると地若衆は「もっと激しく突いて

地紙売りの少年と女性。地紙売りのなかにも、香具売りと同様に体を売る少年もいた。この絵では、少年に手を出しているのは女性である。（国際日本文化研究センター蔵）

くれ」といったという。

基本的に男性と性交する場合、慣れていない人は正常位で行うより後背位でしたほうがやりやすい。後ろからのほうがお尻を見やすいからだ。

〝腹の上〟に乗せたということは騎乗位で挿入したわけで、騎乗位はさらに初心者には難しく、挿入される側がリードすることになる。「もっと激しく」とよがり声を出していることからも、この地若衆は経験を積んだ陰間であることが想像される。

❖銭湯にも陰間がいた

家風呂がなかった江戸時代、武士も町人も銭湯を利用した。当時、銭湯のことを「湯屋《ゆや》」と呼んだ。

湯屋自体は江戸時代以前から存在していた

三助
銭湯で客の背中を流す男性。なかには性的なサービスを提供する者もいた。

江戸時代の銭湯には「三助」と呼ばれる雑用係のような男性がいた。三助のなかには性的なサービスを行う者もいたという（『諸国道中金の草鞋』早稲田大学図書館蔵）

が、当初の湯屋は客の背中を流したり、風呂から上がった客をタオルで拭いたりする「湯女《ゆな》」と呼ばれる女性がいた。湯屋には、そのほかに「三助《さんすけ》」と呼ばれる役回りの者もいた。三助は湯女の男性バージョンで、湯女同様、客の背中を流した。

湯女は性的サービスを提供することで知られているが、この三助も湯女と同じように性的なサービスをすることもあったという。その後、元禄年間に吉原《よしわら》からの苦情もあったことから湯屋に湯女はいなくなったが、三助による売春はその後も続けられたようだ。

❖役者のもうひとつの顔

歌舞伎役者のなかには、地方巡業に行かされる者もあった。今後、舞台に立てるほどの出世を見込めない若い役者などが、その任にあたっ

『好色一代男』に描かれた飛子の様子。上のほう中央で刀をもっているのが飛子で、彼は24歳になるという。都落ちした役者や旅役者などが飛子になる例が多かった。(国立国会図書館蔵)

た。金沢や福井などには、江戸や大坂から役者がやってきて興行を行ったことが史料に残されている。

もちろん、彼らはただ単に芝居をしに行ったわけではない。巡業先で身体を売った。そういう役者を「飛子《とびこ》」といった（渡り役者、旅陰間《たびかげま》といった別称もあった）。宮芝居や地方芝居の役者のことも飛子ということもあった。どちらにしても、都落ちの役者といえよう。

芸も拙く年もとってしまって誰も相手にしなくなった陰間や、芸の評判を落としてしまった者、いろいろな事情で都にいたたまれなくなった者なども飛子になった。したがって、飛子には30歳を過ぎた者もいた。

飛子も普通の陰間と同様に、歌を歌ったり踊ったり楽器を鳴らしたりして客をもてなし、酒の相手もつとめた。後家や女中を相手にすることもあった。巡業先の宿で客をとることもあったが、客が僧侶の場合などは寺まで出張したという。

『好色一代男』に登場する飛子は、大和《やまと》国や河内《かわち》国はもちろん、安芸《あき》国宮島《みやじま》、備中《びっちゅう》国宮内《みやうち》、讃岐《さぬき》国金毘《こんぴ》羅《ら》などに行ったと語っており、当時の飛子が広範囲に旅回りをしていたことがうかがえる。

陰間にはマネージャーがいた？

❖陰間を仕込み、サポートする

陰間《かげま》を描いた江戸時代の浮世絵や春本の挿絵を見ると、陰間に付き従うひとりの男性がともに描かれていることがある。

この男性は、陰間に付き添って陰間の世話を焼く「まわし」と呼ばれる人たちである。陰間のマネージャーのような存在といえる。関西地方では、「まわし」ではなく「金剛《こんごう》」といった。

まわしは、陰間が茶屋や座敷などに呼び出されたときに、座敷で披露する三味線《しゃみせん》や泊まり用の夜具などの荷物を携えて一緒に出かけ、道中は傘をさしたりして陰間をサポートした。客席に出る芸者のために三味線などを箱に入れてもっていく「箱回し」のような役回りである。

客のところから夜遅く宿へ戻ってくるときには、まわしは夜食の茶漬けをこしらえておいたり、内着の袖を自分の肌で温めておいて着せてやったりした。また、客の座敷で陰間が酒を勧められた際には、そばから「酒は一滴も飲めません」などといってかばい立てをした。

階段の下あたりで大きな荷物を抱えているのが「まわし」。右腕に抱えている箱には、おそらく三味線などの楽器が入っていると思われる。左肩にかついでいる袋のなかには布団が入っているのだろう。階段にいるのが陰間である。(『絵本吾妻抉』国立国会図書館蔵)

その一方で、連日の商売で眠くなりうとうととするような陰間がいれば、その尻をつねって目を覚まさせるなどしたという。

なかには、陰間を仕込むころからの付き合いの「まわし」もいた。つまり、陰間が客をとれるように、ペニスがお尻に挿入されても大丈夫なように仕込むのである。こうしたまわしと陰間の付き合いは非常に長いものとなった。

陰間と遊ぶ客にとっては、まわしの機嫌を損ねると「明日の芝居が大事ですから」などといわれて遊びの邪魔をされることもあったため、まわしには丁寧な言葉を使ってあしらったという。

陰間と「まわし」という取り合わせは、幕末まで続いた。

誰が陰間を買ったのか？

❖陰間の客は金持ちだけではない

陰間茶屋《かげまちゃや》のお得意様は、当初は武士や僧侶だった。やがて経済が発達すると町人の客が増え、それとともに女性の客も増えていったという。その後、僧侶の客が再び増え、『守貞漫稿《もりさだまんこう》』（1853年〔嘉永《かえい》6〕）によると「男色の客は士民もあれども僧侶を専《もっぱ》らとす」と書かれている。

もちろん、陰間茶屋を利用したのは彼らだけではない。農民や木こり、漁師、馬方、渡し船の漕ぎ手、使用人など、あらゆる職業の人々が陰間茶屋を利用した。1772年（安永《あんえい》1）刊行の『鹿《か》の子餅《こもち》』という本には、陰間を買った鳶職の話があり、多くの人が陰間茶屋を利用していたことがわかる。

「酔い覚めて見れば陰間を抱いて居る」という川柳《せんりゅう》があるように、陰間買いはごく日常に存在した。ただし、陰間と遊ぶためには、それなりのお金が必要だったので、年に何度も通えるのは豪商や豪農など限られた人々だけだった。

陰間の客というと、お金持ちの年増の男性とか僧侶を思い浮かべるかもしれないが、若い男性も陰間を買った。もちろん、大店《おおだな》の息子など、お金をもっていることが条件ではあるが。

江戸時代中期に書かれた『二国連璧談《にこくれんぺきだん》』という随筆には、鎌國《かまくに》という男が陰間茶屋に通う話が出てくるが、鎌国は若い少年として描かれている。

❖陰間茶屋のお得意様・僧侶

江戸時代、僧侶の地位は現代では考えられないくらい高かった。檀家からの収入も多く、金貸しを行う僧侶さえいたほどで、僧侶は金と地位をもつ実力者だった。しかし、当時の僧侶は女色がタブーとされ、『公事方御定書《くじがたおさだめがき》』によると女犯をおかした僧侶は寺持ちの場合は遠島《えんとう》、寺持ちでない場合は晒《さら》しと規定されるほど重罪だった。

僧侶のなかには「大黒《だいこく》」と呼ばれる女性を下働きと称して雇って妻代わりにしたり、変装して遊女を買ったりする者もいたが、女犯というリスクをおかすよりも陰間を買ったほうが手軽だった。女犯は厳しく禁止されていたが、男色は許されていたからだ。

『二国連璧談』の挿絵に描かれた鎌國（左）。こうした華奢で女性的な男性も陰間を買うことはあった。荷物をもっているのは供の者で、こちらも陰間遊びを楽しんでいる。

陰間茶屋のいちばんの常連は僧侶だった。僧侶は女犯を禁止されていたが男色は許容されており、僧侶の陰間買いは庶民の間でも有名な話だったという。(『男色山路露』国際日本文化研究センター蔵)

僧侶の陰間買いは当然と思われていたようで、「お鉢米《はちまい》和尚はみんな釜へ入れ」という川柳があるほどだ。お鉢米とは、香典とともに寺に渡した一升ばかりの米のことで、釜は陰間のことである。寺に納めた香典も、すべて陰間に使われるという意味で、僧侶の陰間買いを庶民は冷たい目で見ていたのである。

❖大奥の女中も陰間を買った

陰間茶屋の客はなにも男性だけではない。「稀には好色の後家《ごけ》、孀女《やもめ》、または武家媵婢《ようひ》も客にある由」(『守貞漫稿』)とあるように、女性も陰間を買った。媵婢とは、腰元《こしもと》のことだ。舞台で舞い踊る女装した男性に、女性も熱中したのである。

当時の歌舞伎役者100人の評判を列挙した『古今四場居百人一首《ここんしばいひゃくにんいっしゅ》』(1693年〔元禄《げんろく》6〕)

陰間を買った御殿女中の老女。上役の代参として町に出た御殿女中は、そのついでに陰間を買うこともあった。（『色物馬鹿本草』国際日本文化研究センター蔵）

で紹介されている中村数馬《なかむらかずま》の項には、「男色女色二道《ふたみち》のすぐれたこと」とあり、当時の陰間が男性相手だけでなく女性も客に取ったことがわかる。

　歌舞伎役者は現代の芸能人と同じであり、そのファッションも注目の的になった。1711年（宝永《ほうえい》8）に発刊された『傾城禁短気《けいせいきんたんき》』（江《え》島其碩《じまきせき》）に、「古《いにしえ》は藝子町《げいこまち》の風を似せ学びしに、今は町の女皆芝居の女形《おやま》の風を似せ、帆の丸をはやらかし、宇源次染《うげんじぞめ》など名づけて……（中略）お寺方の大黒《だいこく》は、若衆髪に中剃りして、男の声遣いを習ひ、大小を差して昼の内は、不断下袴《したばかま》を着し、其儘《そのまま》の美少人を似するぞかし」とある。

　町の女性は歌舞伎の女形に似せた格好をして、寺の大黒（僧侶が妻の代わりに雇った使用人のこと）も若衆のような髪形にして、男の話し方を真似し、刀を差し、日中は若衆の姿を真

陰間とからみ合う女性。夫を亡くした後家は、あとくされのない関係を求めて陰間を買うこともあった。（『閨の雛形』）

似ていたという。女たちが男を真似、それと同時に若衆を買っていたのである。

陰間茶屋の常連に御殿《ごてん》女中、すなわち大奥《おおおく》の女中がいた。御殿女中は上役の代参《だいさん》として城外に出たときや芝居見物のついでに陰間を買った。さすがに大っぴらに遊ぶことはできないので、芳町《よしちょう》では女の声が低くなるといわれたという。

御殿の門限は七ツ時（午後4時頃）だったので、御殿女中の陰間買いは昼間にかぎられた。

江戸時代の大奥最大のスキャンダルといわれる「絵島《えじま》事件」は、大奥女中と陰間に関するスキャンダルである。7代将軍・徳川家継《とくがわいえつぐ》の生母・月光院《げっこういん》付大奥御年寄《おとしより》だった絵島が、月光院の代参で墓参りに出かけ、その帰りに歌舞伎役者・生島新《いくしましん》五郎《ごろう》と密通し、門限に遅れたのである。

このことが問題とされ、結局絵島と生島には遠

陰間と夫婦による性交。夫婦生活に飽きた二人が陰間を買うこともあったかもしれない。（『百入一出拭紙箱』）

島という処分が下された。

❖後家さんの陰間買い

陰間を買うお得意様には後家もいた。江戸時代、結婚している男女の不倫は「不義密通」といわれる重罪で、『公事方御定書』には「密通いたし候《そうろう》妻、死罪」と規定され、不倫相手の男も死刑とされた。

しかし、夫に死に別れた後家がほかの男性と関係をもつことは咎《とが》められることはなかった。陰間にとって、性の楽しみを十分に知っていた後家の相手はときに難儀だったという。『諸遊《しょゆう》芥子鹿子《けしがのこ》』（1710年〔宝永《ほうえい》7〕）という本に、後家に買われた陰間の話が載っている。

「座敷へ行くとすぐに床へ入《はいり》て、夜明くるまでにわたりしも十一かとおぼへしが、読み落しも有《ある》べし。先さまには幾度《いくたび》やう知らず、夜半の鐘の成時《なるとき》、曲を望み給ひ、あらゆる姿に乱れて、扨《さて》も女にあきはて て、恐ろしきものに思ひける」（座敷に行くと、すぐに床に入り、夜が明けるまで11回もやったと思うが、それ以上だったかもしれない。しかも夜半の鐘がなると曲取り〔正常位以外の体位のこと〕を望み、髪を振り乱す。なんとまあ、あきれ果て、女は恐ろしいものだとつくづく思った）

後家の相手にうんざりした陰間の感想だが、あとくされのない陰間との情事を後家が楽しんでいた情景が浮かぶようだ。

しかし、楽しいことばかりではなかった。「中条でたびたび堕ろす陰間の子」という川柳がある。中条とは中条流《ちゅうじょうりゅう》の医者のことだが、これは堕胎専門の医者である。つまり、陰間を買って妊娠し、堕胎する女性が少なくなかったということである。

夫婦で陰間を買い、3人で情事にふけるということもあった。この場合、夫が両刀使いということが多く、女房と陰間が性交している背後から夫が陰間のお尻に挿入するという構図の春画が残されている。女房が夫の陰間好きを許容している点が当時の世相を反映している。

こらむ 男色に反対する人たちもいた

江戸時代、男色が許容されていたとはいえ、反対する層もいた。たとえば儒学者の中江藤樹《なかえとうじゅ》は自著『翁問答《おきなもんどう》』のなかで「幼い少年を女装させて稚児などといって囲うのは、浅ましい行為で言語道断、畜生にも劣る」と徹底的に非難している。天下の副将軍として有名な徳川光圀《とくがわみつくに》も、男色には反対の立場をとった。『玄桐筆記《げんとうひっき》』という本には、光圀が「女色は双方歓び、男色は自分が歓くとも相手は苦痛する」と述べたと記述されている。また、『田夫物語《でんぶものがたり》』には、子孫を残せない男色を非難する記事もある。江戸時代とはいえ、すべての人が男色に寛容だったわけではないのだ。

陰間に必要なのは、なによりも清潔感だった。肌を磨き、ムダ毛を処理し、髪形も整えた。(『双六遊び』鈴木春信、個人蔵)

陰間の性技と陰間のマナー

陰間の多くは陰間茶屋や子供屋と呼ばれる置屋に所属していた。そこでは稼げない陰間は、店の主人から非情な折檻や暴力を受けることもあった。

そのため、茶屋などに所属する陰間は客を喜ばせるための性技や、客をもてなすマナーを身につけていた。

当時は評判記と呼ばれるガイドブックが売られていたため、その後の評判を落とさないためにも、たとえ一度きりの客だったとしても、それなりの対応をしなければならならなかった。これは現代の男娼にも同じことがいえる。

▲陰間との肛交の基本は後背位だった。後ろからのほうがお尻を見やすく、挿入しやすいからだ。陰間もなるべく後ろから挿入されるように客をいざなったという。
(『好色妹背河』川嶋信清、『浮世絵春画と男色』所収)

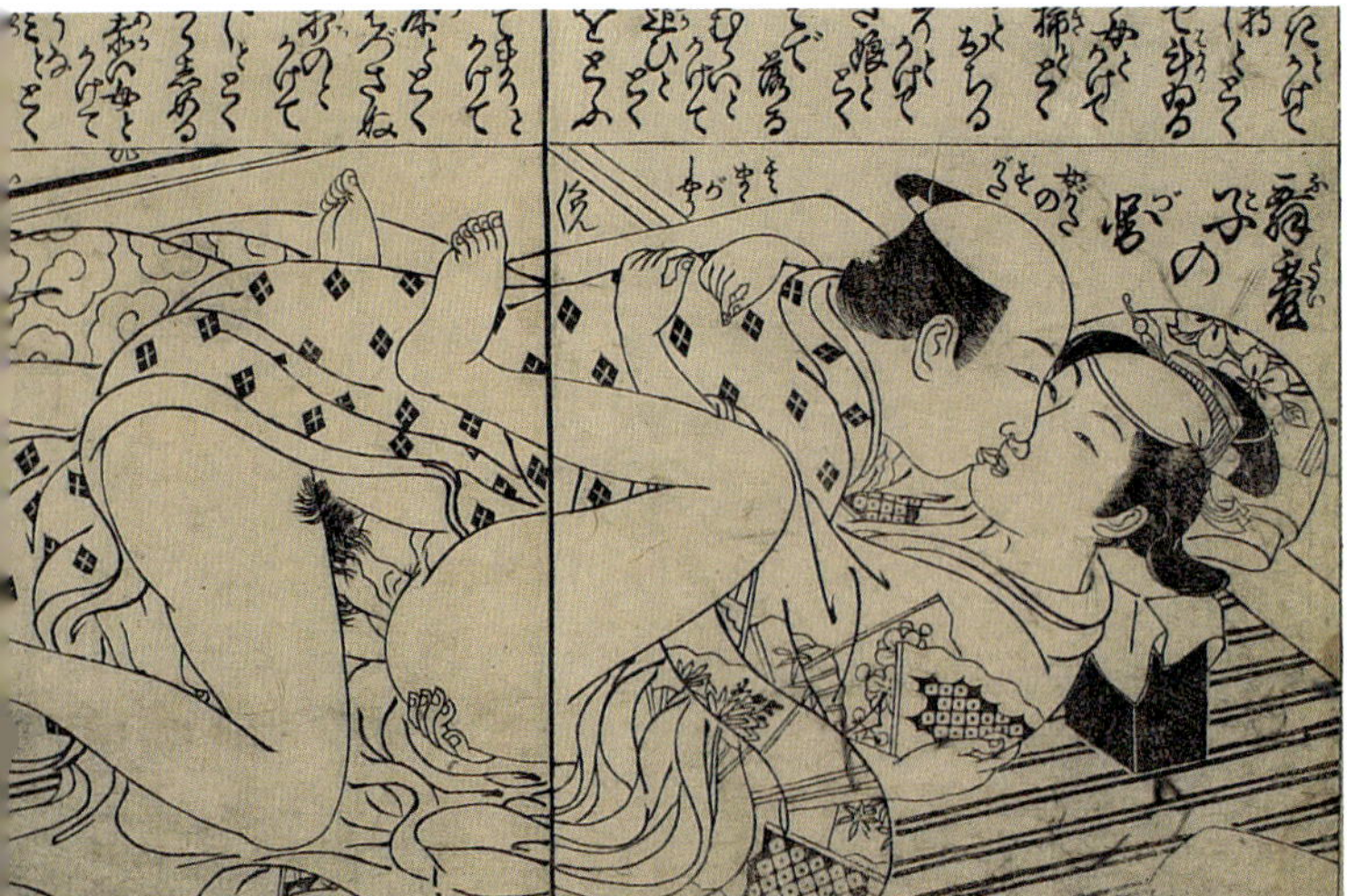

後背位の次に多い体位が、正常位である。客としては陰間の顔を見ながら性交ができるので、正常位を要求してくる客も多かったと思われる。(『好色妹背河』川嶋信清、『浮世絵春画と男色』所収)

後背位が肛交の基本だが、陰間はどんな体位にも応えないといけなかった。図のように、変わった体位を要求してくる客もいたから、陰間も大変であった。(『婦男愛添寝』岳亭春信、国際日本文化研究センター蔵)

陰間が上になった騎乗位の体位。慣れていない人にとっては難しい体位で、どちらかというと陰間がリードしていく体位である。（風流艶色真似ゑもん』鈴木春信、国際日本文化研究センター蔵）

座位の体位で陰間と性交する客。下の図のように向かい合って抱き合うような形で行為を行う場合もある。(『にし河筆姿』作者不詳、国際日本文化研究センター蔵)

江戸時代の遊女は基本的に客とキスはしなかったというが、陰間は客とのキスはいとわなかった。キスは陰間のテクニックのひとつでもあった。(『旅枕五十三次』恋川笑山、国際日本文化研究センター蔵)

陰間にとってはペニスの使い方も重要なテクニックのひとつだった。上の絵（『男色山路露』西川祐信、国立国会図書館蔵）は、挿入されながら自分のペニスをしごいている。「お前も気持ちいいか？」と聞く客もいたというから、気持ちいいふりをするにはペニスを勃起させるのはひとつの方法だった。

真ん中の絵（『にし河筆姿』作者不明、日本文化研究センター蔵）は、挿入されながら客にペニスをしごかせているが、客のなかにはこういう行為をしたがる者もいた。

下の絵（『にし河筆姿』作者不明、日本文化研究センター蔵）は、挿入される前に客のペニスを触っている。陰間に触ってもらうと、客はより興奮を覚える。これも陰間のテクニックのひとつである。

地紙売りの若衆に誘いかける女性の図。地紙売りとは、扇の地紙を売る行商人のこと。地紙売りを生業とする若衆のなかには、商品を売るほかに身体を売る者もいたという。(『風流座敷八景』鈴木春信、国際日本文化研究センター蔵)

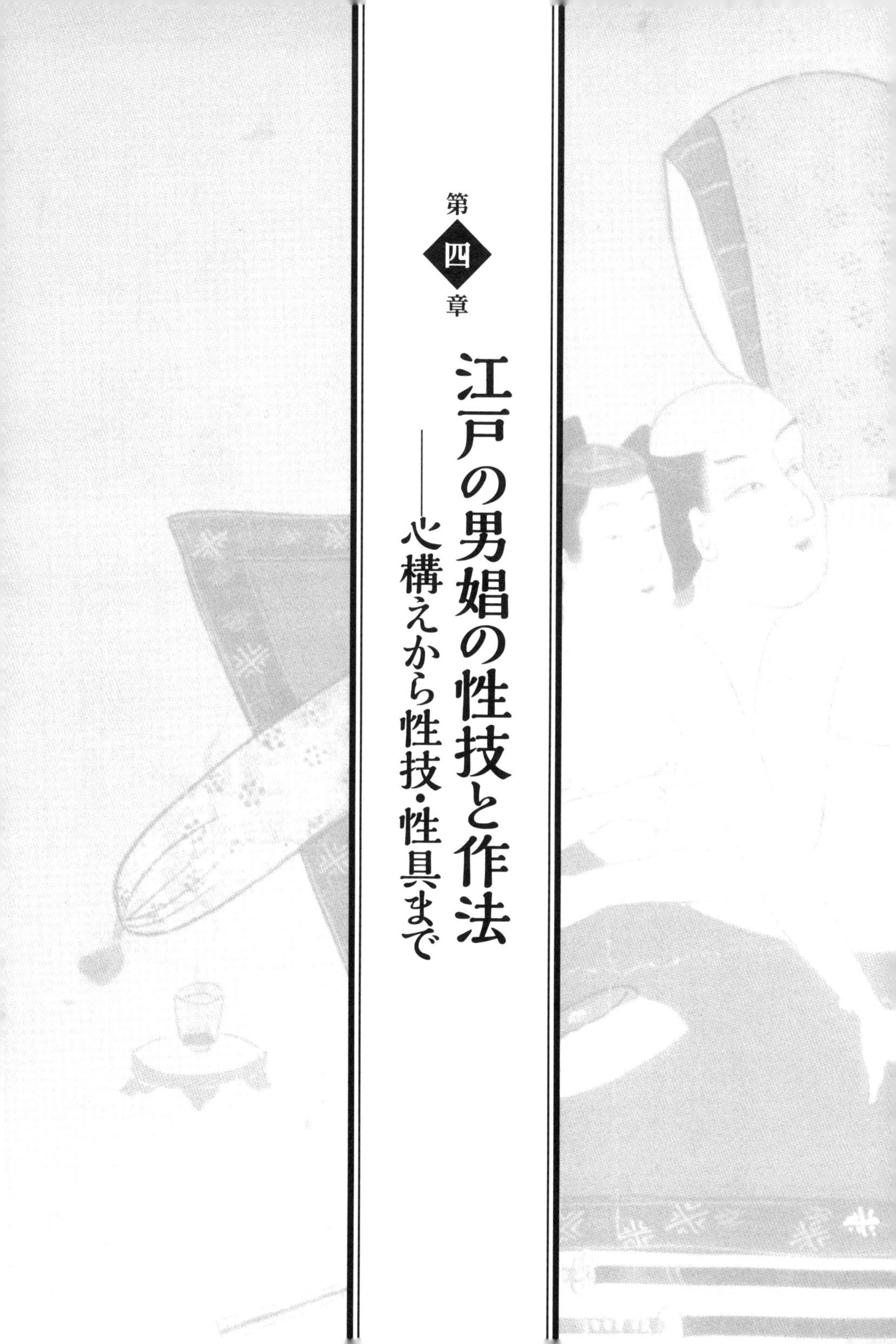

第四章

江戸の男娼の性技と作法

——心構えから性技・性具まで

陰間にとって髭は〝恥毛〟

不潔そうに見えたり、外見を気遣わないような者は男娼失格である。それは江戸時代でも同様で、陰《かげ》間《ま》は身だしなみには人一倍気を使っていた。

陰間の身だしなみは、「傾城《けいせい》に劣ることなく」といわれたほどで、傾城（遊女のこと）と比較しても負けないくらい身だしなみを徹底していたのである。

❖柘榴の皮できれいにする

陰間にとって大切だったのは、優美な外見である。肌をきれいに保つために彼らは毎日、肌を磨いていた。

その際に使ったのが柘榴《ざくろ》だった。柘榴の皮を水につけて陰干ししたものを粉末状にして体を擦った。顔を洗うときも柘榴の皮の粉末を使ったといい、陰間にとっては必需品であった。陰間はこれを袋に入れて持ち歩いていたという。柘榴の皮は当時、漢方薬としても使われており、体にいい果実として認識されていたようだ。

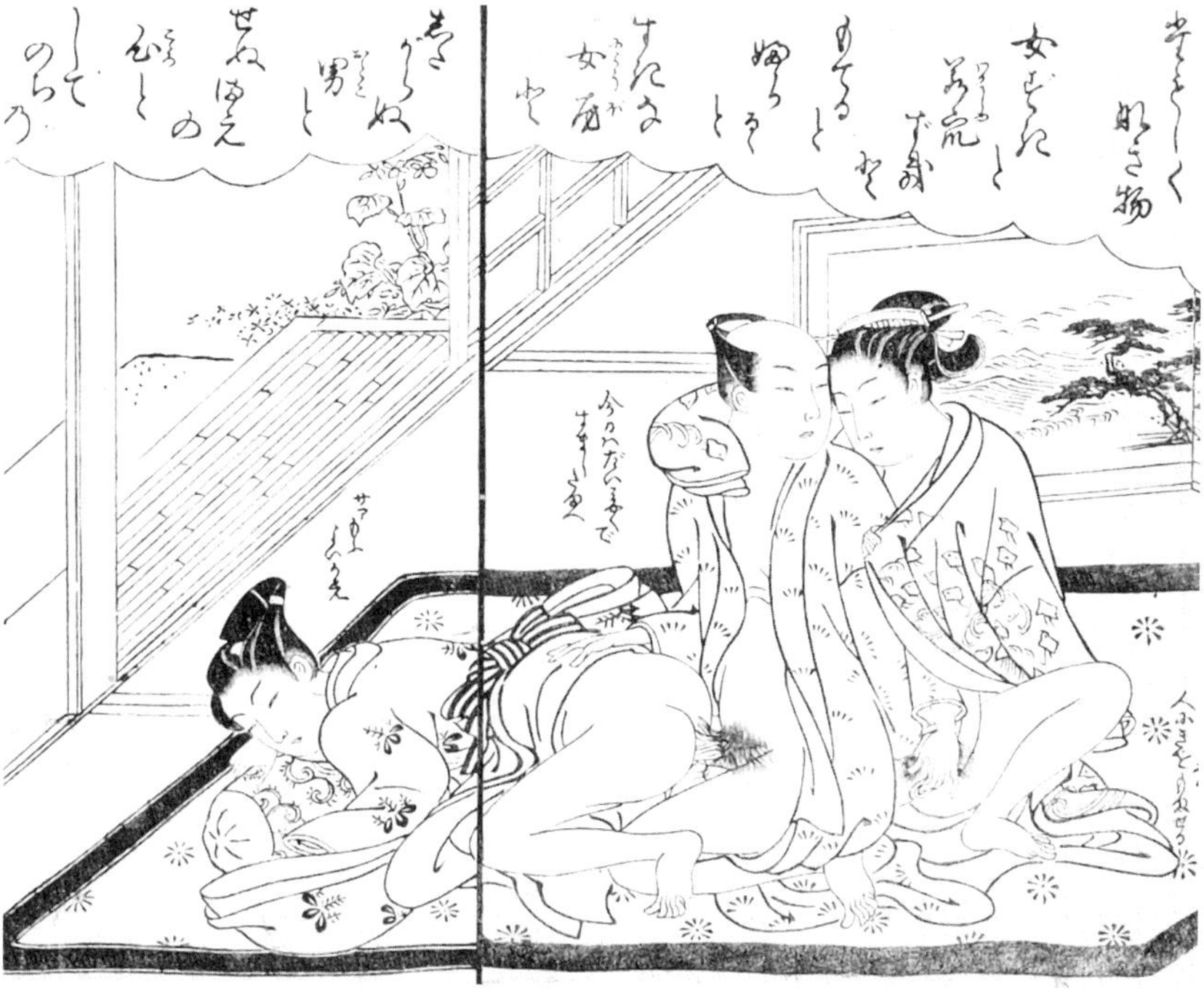

後ろからお尻に挿入されているのが陰間。これは夫婦の客が陰間を買った状況だ。陰間の肌はきめ細かいのがよいとされ、陰間は柘榴の皮から作った粉で毎日体を磨いていた。『笑本春の曙』

『女大楽宝開《おんなだいらくたからへき》』（1751年〔宝《ほう》暦《れき》1〕）に作り方が載っている。

「ざくろのかハを白《しろ》ミづに一夜つけ、あくる日いかきなどにあげ、その日一日かげぼしにして又その夜白ミづにつけ、右のとをりにして三日さらし、其《その》あとをずいぶんほしあげ、こまかく粉にして」

（柘榴の皮を米のとぎ汁に一晩つけ、翌日に竹ざるなどに上げて一日陰干しにする。その夜、再び米のとぎ汁につけて竹ざるなどに上げ、三日さらしたあとにすっかり乾かし、細かく粉にする）

　このように作り方が詳細に指南されているということは、陰間は自分で手作りしていたということだろう。

また、同書には、歯を磨く際には、ハチクという竹の一種の笹の葉を灰にして磨くべしと書かれている。当時、歯を磨くときには消し炭《けずみ》を使うことがあったが、これはよくない方法だと書かれている。残念ながら理由はわからない。

❖陰毛を処理する陰間

肌といえば、陰間はムダ毛の処理もおこたらなかった。10歳代前半の成長途上の陰間であれば、さほどムダ毛は生えなかっただろうが、10歳代も中ごろを過ぎれば髭《ひげ》も陰毛も生えてくる。陰間茶屋が全盛の時代は女性っぽい陰間の人気が高かったため、無毛や薄毛の陰間が気に入れられた。

もちろん、思春期になれば毛が生えてくるのは仕方がないし、当時は完全に脱毛することも難しい。そこで陰間たちは、少しでもきれいに見せるために陰毛の処理をした。

陰毛の処理には軽石や線香を使った。これは当時の遊女たちが使用していた方法である。

風呂場などで、平たくて小さい軽石を両手にもち、陰毛を間に挟んでこすり切った。また、線香で焼いて短くしたり、毛先をそろえたりした。

江戸時代にも刃物はたくさんあったが、刃物で処理すると毛先が尖り、相手の肌を痛めてしまうから、遊女はなるべく刃物を使わなかったという。そのため、刃物を使うにしても、長さをそろえるために使い、仕上げは軽石や線香を使用した。

陰間茶屋の二階で情事を行う陰間と客。陰間には陰毛がなく、お尻にも毛が生えていないようだ。この陰間はまだ若く見えるので、ムダ毛が生えそろわない年齢なのだろう。『風流艶色真似ゑもん』

軽石や線香で処理をすると、切り口が滑らかになり、チクチクせず、客に嫌がられることもなかったという。

❖髭は陰間の大敵

髭も、陰間にとっては大敵だった。需要が高かったのは若い陰間だったから、なるべく若く見せるためにも髭の処理は必須であった。

髭の処理には「毛抜き」を使うことが一般的だった。江戸時代にはすでに金属製の毛抜きが普及しており、浅草に毛抜き鍛冶《かじ》が集まっていたという。形状も現代のものとほぼ同じだった。

髭の処理にカミソリを使うこともあった。しかし、当時のカミソリには当然、安全装置のようなものはついてい

女性と陰間と客の男性が３人で性交している様子。真ん中にいるのが陰間だが、客の男性に比べると陰毛をしっかり手入れしているように見える。(『若衆遊伽羅之枕』)

毛抜きで客の髭を抜く陰間。髭の処理には毛抜を使うことが多かった。（『好色旅枕』）

なかったので、当時の人々は肌に刃があたらないよう、カミソリを使うときは細心の注意をはらって剃ったという。

若さと女性っぽさが勝負だった江戸時代では、陰間にとって髭は天敵だったのである。

江戸時代の絵を見ると、すね毛のない男性が多いことに気づく。絵にすると美しくないとか、描くのが面倒といった理由でわざと省略したのかもしれないが、江戸時代の粋な男たちがムダ毛を処理していたということは実際にあったようだ。

また、江戸時代の男性の下着はふんどしで、着物の下はお尻が露出した状態である。火事やけんかのとき、着物の裾をまくることもあり、そういう際にはお尻を他人に見られることになる。そのため、お尻をきれいにしておくのも、当時の粋な男性のたしなみであった。粋な客を相手にすることもある陰間も、当然それらのムダ毛は処理していた。

江戸時代の男性は眉毛も整えており、カミソリで剃ったり毛抜きで抜いたりした。

陰間と女性と男性の情事。客も陰間もきれいに眉を整えているのがわかる。陰間は外見にはかなり気を使っていた。（『閨の雛形』）

❖陰間は食事にも制限がある

陰間が気にしなければならなかったことのひとつが、匂いである。

客と抱き合わなければならないから体臭がきついのはダメだし、客とキスもしなければならないので口が臭いのはタブーであった。

まず体臭だが、毎日銭湯に行くなり行水をするなりして、体を清潔にしておくのは基本である。その際、わきの下を入念に洗った。腋臭防止とともに、体臭の元となる部分をきれいにしておいたのである。

また、体臭のもとになると考えられていた食べものは禁止されていた。生魚や焼き魚など基本的に魚類は禁止で、貝類もダメ、鳥類も食べなかった。

食べものに関していえば、客前でおならをしないように、日ごろから芋類を食べないようにしていた。

食べものについては、そのほかにも気をつけるべきことがあった。そばやとろろ汁、奈良茶漬けなど、食べるときに音を立ててしまいがちな料理は、客前では食べないことだ。

陰間を買いに来る客の目的は、第一に陰間との性交だったが、陰間と遊ぶ〝雰囲気〟も大切にした。客が陰間に求めたのは、しとやかさや気品であり、非日常の時間だった。そのため陰間は、自身の魅力を半減させる音を立てる所作を嫌ったのである。

江戸時代初期の女形《おやま》の第一人者・芳沢《よしざわ》あやめが、あるとき師匠と話をしているとき、師匠が夜食としてとろろ汁を出した。ところが、芳沢はとろろ汁には箸をつけなかった。とろろ汁のような音が出やすい食べ物は、品よく食べるのが難しいから芳沢はあえて箸をつけなかったのだという。芳沢の真意を知った師匠は、非常に感心したという。

こらむ

ユニセックスの絵師・鈴木春信

鈴木春信《すずきはるのぶ》は１７００年代中ごろに活躍した浮世絵師で、多色刷りである錦絵《にしきえ》を大成したことで知られる。春信は美人画の大家として歴史に名を残したが、枕絵《まくらえ》と呼ばれる春画も手掛けていた。春信の枕絵のなかで代表的な作品が「風流艶色《ふうりゅうえんしょく》真似《まね》ゑもん」だ。全24枚のシリーズものだが、そのなかに男同士の性交の場面が1枚だけまぎれている。当時は、今でいう男女もののポルノのなかに平然と男性同士の性交シーンが混じっていたのである。これは春信に限った話ではなく、当時の枕絵にはそういう傾向があった。なお、春信は男色家として知られる平賀源内《ひらがげんない》の友達であった。

陰間はどんな服装をしていたか?

❖出振袖を着て歩く陰間

若衆《わかしゅ》歌舞伎が禁止される前、江戸時代初期の陰間《かげま》は、若衆髷《まげ》に薄化粧を施し、はなやかな伊達《だて》衣裳に身を飾っていた。客が望む場合は島田《しまだ》髷に結い直して大振袖を着て女装した。

若衆歌舞伎が禁止され、舞台に立つ役者の前髪がなくなると、陰間は前髪がないことを隠すために「野郎帽子」と呼ばれる帽子のようなものをかぶるようになった。

舞台に立たない者には前髪があった。前髪のあるなしにかかわらず、陰間は振袖を着て、外出する際には黒い羽織を羽織った。なお、現在は振袖は女性の着物だが、当時は男女兼用の着物であり、女装するために振袖を着ていたわけではない。

時代が下ると、最初から女装する陰間が増えるようになった。女装した陰間の需要が大きかったのである。幕末に編纂された『守貞謾稿《もりさだまんこう》』に、享保《きょうほう》のころの陰間の服装について記されている。

「三都ともに扮《よそおい》は処女のごとく大振袖または中振袖を着し、髪も島田その他ともに処女と同じく時々の流布《るふ》に順《したが》ふなり。また僧侶に携へられて芝居見物、遊参《ゆさん》等に出るには、黒紋付《くろもんつき》ふり袖あるひは詰袖《つめそで》に袴《はかま》を着け、大小を佩《お》びて小姓《こしょう》に扮する時もあり」

ここでいう陰間は女形《おやま》見習いのことのようだ。彼らは通常から女装しているが、客の僧侶と芝居見物などに出かけるときは女装をとき、刀を二本差して小姓の格好で出かけたという。当時、女犯が重罪だった僧侶と女装姿で一緒に歩いていてはまずかったからである。〝大小を佩びる〟とは、打刀と脇差を二本差すという意味だ。

若衆髷に結い、刀を差し、黒っぽい羽織を羽織った若衆。女装をしない陰間も、このような格好をしていた。(『春の野遊図』西川祐信)

陰間の髪形

●若衆髷

若衆髷にした元服前の少年。太くて大きな髷が特徴的で優美さを醸し出している。

●勝山髷

勝山という遊女が結い始めた女髷の一種。勝山髷を結った男娼が浮世絵に残されている。

●島田髷

さまざまな派生型を生み出した人気の女髷。春本などに描かれる男娼のなかには、島田髷の少年が描かれることもある。

女性の髪形にした陰間。中央の陰間は「野郎帽子」をかぶっているので、舞台に上がる役者である。(『双六遊び』鈴木春信)

❖外出するときは編笠で

女形見習いではない陰間は、町の若衆と同じような格好をしていた。彼らも振袖を来ていたが、刀を差し、若衆髷や巻立茶筅《まきたてちゃせん》など男性用の髪形にした。

1687年(貞享《じょうきょう》4)刊行の『男色大鑑《なんしょくおおかがみ》』に、当時の京都四条《しじょう》の陰間の格好が記されている。

「白き袷《あわせ》に上は浅黄紫《あさぎむらさき》の腰替《こしがわ》りに五色の糸桜《いとざくら》を縫《ぬわ》せ、銀杏《いとう》の丸の定《てい》紋《もん》しほらし。大振袖のうらにこき入れし紅葉ほのかに、鼠色《ねずみいろ》の八重《やえ》帯《おび》、肥前《ひぜん》の忠吉《ただよし》二尺三寸、同作一尺八寸の差添」

現代語に訳すと、「白い袷に淡い黄紫色の腰替りに五色の糸桜模様が縫い付けられ、銀杏の丸の定紋がひかえめで優雅である。大振袖の裏に入れた紅葉がうっすらと見え、鼠色の八重帯を締め、肥前の忠

編笠をかぶった陰間。
髪形が崩れるのを防ぐ
のにも役立った。

編笠をかぶった陰間。これは楽屋入りの様子を描いたもの。陰間は外出する際には編笠をかぶらなければならなかった。（『絵本三家栄種』）

吉という二尺三寸の刀と、一尺八寸の脇差を差している」となる。

ここで紹介されている陰間は、振袖は着ているが決して女性っぽくはなく、粋な着物姿といった外見である。

また、陰間は外出する際、編笠《あみがさ》をかぶっていた。これは歌舞伎役者が当時、河原者《かわらもの》という立場にあり、差別を受けていたからである。天保《てんぽう》の改革（１８４１年〔天保12〕～１８４３年〔天保14〕まで行われた幕政改革）による綱紀粛正策により、すべての歌舞伎役者は町中で編笠をかぶらなければならないとされた。

❖下着にも気をつけた陰間

外見だけでなく、下着にも気を使うのが陰間の心得であった。

江戸時代の男性の下着といえばふんどしだが、

ふんどしの間からお尻に挿入されている。黒いふんどしをつけているのがわかる。(『若衆遊伽羅之枕』)

陰間は色や形にこだわった。陰間と遊ぶとき、いきなり全裸で出迎えるわけではない。陰間が自身で解くにしても、客が解くにしても、客の目に入るわけだから、陰間はそういうところにも気を使わなければならなかったのである。

『催情記《さいせいき》』(1657年〔明暦《めいれき》3〕)という書には、若衆の心得としてふんどしに関する記事があるが、これは陰間にも通じる話であろう。

『催情記』によると、下帯《したおび》(ふんどしのこと)は「紅《べに》か黒、又は茶の羽二重《はぶたえ》」がいいと推奨している。羽二重は着物の織り方の一種で、きめ細かい風合いと滑らかな手触りが特徴である。無地の羽二重が普通だが、地紋入りの紋羽二重であれば、さらに〝粋〟の風情が増しただろう。

また、ふんどしは幅の広いほうが見栄えがいいとも書かれている。新品のふんどしがいいのは言うまでもないだろう。

陰間になるための身体的な準備

❖数日掛けてお尻を慣れさせる

陰間は商売上、自分のお尻に客のペニスを挿入させなければならない。しかし、お尻というのは本来、ペニスを受け入れる器官ではないので、ペニスを挿入できるようにお尻を慣れさせなければならなかった。

明和《めいわ》年間（1764～1772）に刊行された『艶道日夜女宝記《びどうにちやじょほうき》』には、陰間になるための訓練方法が書かれている。少し長いが引用する。

「若衆《わかしゅ》しんべこを仕入《しいれ》するには、先《ま》づ右の手の爪を五本ながらよく切《きり》て、初の夜は小指に油薬など塗りてせせり掛け、よく入るやうにならば、又一日二日間をきて、二度目は紅差指《べにさしゆび》にて彫り掛け、よく入らば、其《その》翌日は高指《たかゆび》にて出入《だしいれ》を試み、又大指《おおゆび》を挿《さ》しこみ、よく慣らしておき、其後《そのご》人差指と高指を合わせ、二本一つにして挿しこみ、よく抜き差しを試して、其次に茎《へのこ》を入れ掛け、よくよく巧者をを尽くし、段々

によく入る也《なり》。又尻によりて早い遅い有る也」

（若衆やしんべこを陰間に仕込むには、まず右手の指五本の爪をよく切って、一日目の夜は小指に油などを塗ってお尻をいじりながら中に指を入れ、小指がお尻に入るようになったら、一日か二日あけて、今度は薬指をお尻に入れ、ひたすら指を出し入れし、また一日おいて三度目には人差し指をお尻に入れていく。よく入るようになったら、その翌日には中指にて出し入れを試し、また親指も挿入してよく慣らし、その後、人差し指と中指を合わせて、指二本を挿入して抜き差しする。そのあとにペニスを挿入し、荒々しくせず巧みに出し入れするとだんだんと入っていくものである。また、お尻によっては慣れるのに早いお尻と遅いお尻がある）

〝しんべこ〟とは陰間になる前の少年のことである。ローションがなかった江戸時代（代替品はあったが、現在ほど性能がよくなかった。江戸時代のローションについては１３２ページ参照）、男性経験のないお尻は、いきなりペニスを受け入れることはできなかった。

こらむ

3代将軍・家光の男色趣味

江戸幕府の土台を築いた将軍・徳川家光《とくがわいえみつ》も、男色を好んだことで有名だ。江戸幕府の日記をまとめた『元寛《げんかん》日記』という本に、家光が16歳のときの逸話が書かれている。男色関係にあった小姓と家光が一緒に風呂に入っていたとき、近習《きんじゅ》として家光に仕えていた坂部五左衛門《さかべござえもん》が家光の目を盗んで小姓にちょっかいを出したが、そこを家光に見つかってしまいその場で手打ちにされたという。家光政権下で老中《ろうじゅう》にまで上り詰めた堀田正盛《ほったまさもり》も、家光と男色関係にあったとされている。江戸幕府の公式な史書である『徳川実記《とくがわじっき》』には、正盛が家光の「双《そう》なき寵遇《ちょうぐう》を蒙《こうむ》り」と書かれている。

『艶道日夜女宝記』に描かれた挿絵。陰間になるために若衆のお尻を慣れさせている。（国立国会図書館蔵）

そのため、指をペニスに見立ててお尻に入れて、ペニスを受け入れやすいように拡張していくわけである。

指を入れるといっても、いきなり太い親指や、長い中指を入れてはいけない。

まずは小指から入れて徐々に慣らしていく。それも、一日ですべてを終えようとしてもいけない。数日かけて慣らしていくのである。そして、最終的に本物のペニスを入れるという段取りになる。

陰間を仕込むのは店の主人や「まわし」（88ページ参照）だが、なかには決して陰間に乱暴を働かないと店が信頼する常連に頼むこともあったという。

もちろん、こうして訓練したからといって劇的にアナルが拡張されるわけではないし、男色性向のない者にしてみれば、ペニスを挿

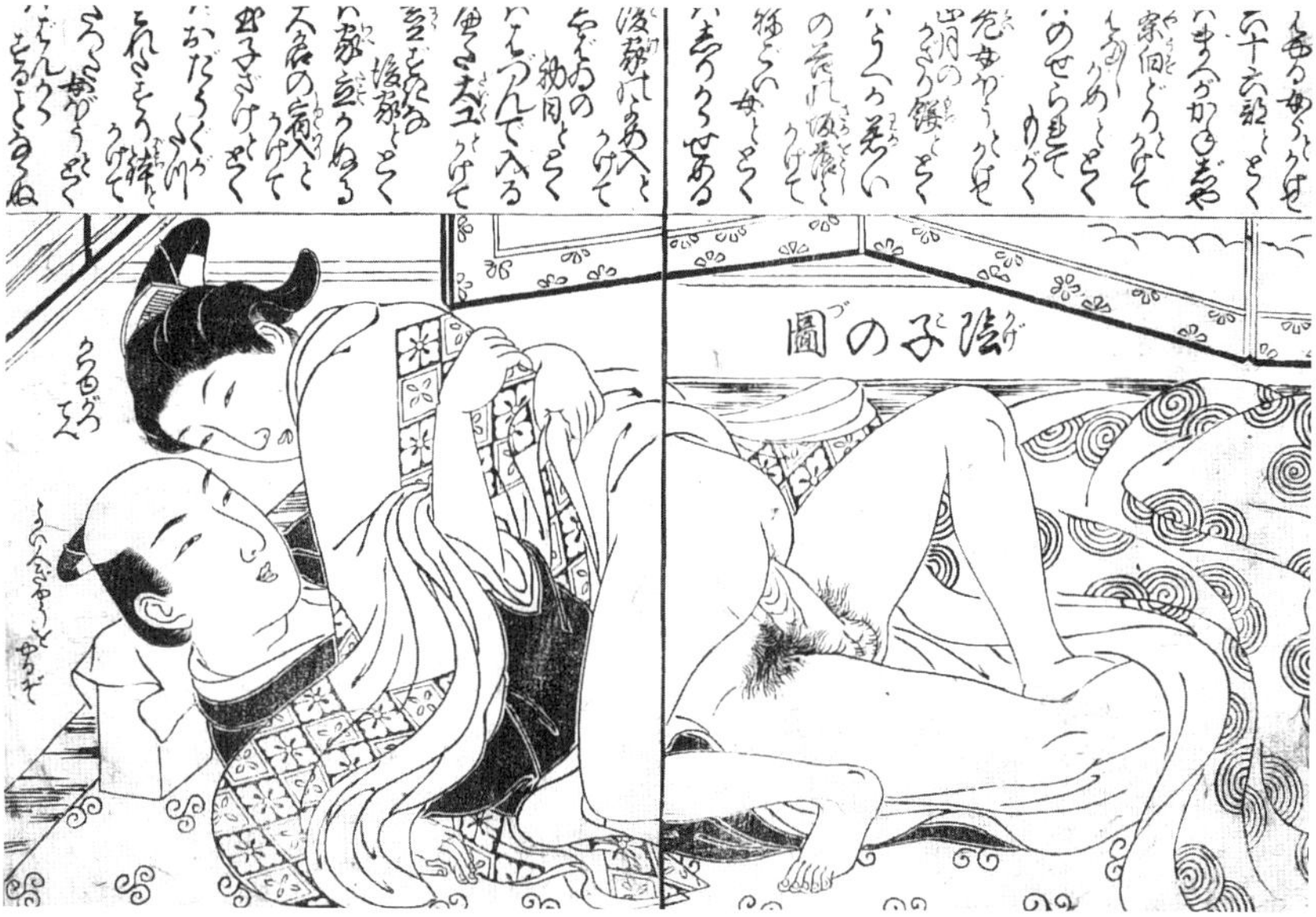

お尻に慣れてきたら客をとる。この陰間は見るからに若く、10歳代前半くらいに見える。12〜13歳で陰間になる少年も多かった。（『女貞訓下所文庫』）

入されたときの違和感は常につきまとう。これは、あくまでペニスを入れられるのに慣れる訓練である。

最初につまずいてペニスを入れられることに恐怖心をもってしまったら、陰間として商売ができなくなる。そのため、最初は優しく丁寧に仕込んだのだった。

❖道具を使って仕込む

お尻を慣れさせるために、指ではなく「棒《ぼう》薬《ぐすり》」という道具を使う方法もあった。『女大《おんなだい》楽宝開《らくたからべき》』（安永《あんえい》年間〔1772〜1781〕）という春本に、「しんべこは仕立てる日より毎晩棒薬を差してやるがよし」とある。

この本によると、棒薬とは「木の端を二寸五分程に切り、綿にて巻き、太味を大抵の陰茎の程に」したものだという。約8センチメートルに切った木を綿で巻いて、標準的なペニスの太さにしたものだった。

さすがにこのままではお尻に入らないので、これを使う時は「たんぱん」を使った。たんぱんとは「胆礬」と書き、銅の原料になる鉱物である。これをごま油で溶いて潤滑油の代わりにして、巻きつけた綿に塗った。これをお尻に出し入れすることで、お尻を慣れさせていったのである。

❖本物のペニスで仕込む

指や棒薬ではなく、いきなりペニスを挿入して仕立てることもあった。同じく『女大楽宝開《おんなだいらくたからべき》』には、次のように説明されている。

「十二の頃より仕立んと思はば、始め横に寝さし、いちぶのりを口中にてよく溶き、かの所へ塗り、少し雁《かり》だけ入れて其夜《そのよる》は仕まふなり。又二日目にも雁まで入れ、三日目には半分も入れ、四日めより今五日ほど、毎日三四度ほんまに入れる也。但《ただ》し此間《このあいだ》に仕立る人、気をやるはわろし。右の如《ごと》くすれば後門《こうもん》うるほひてよし」

（12の頃より陰間に仕立てようとするときは、はじめは横に寝さ

こらむ

大変だった陰間の〝水揚げ〟

陰間がはじめて客をとることを「水揚《みずあ》げ」といった。客をとる前に、何日もかけて訓練するが、それはあくまで練習であり、お尻に挿入する側もさじ加減を知っている。しかし、客はそんな注意を払ってくれない。当時はバイセクシャルが多かったから、女陰に挿入するがごとくに差し込んでくる。陰間もはじめてで緊張しているため、うまくいかないことも多かった。

「芳町《よしちょう》でする水揚のえらひどさ」（芳町の陰間茶屋で行う水揚げはひどく大変だ）という川柳が残されているように、陰間の水揚げの日は、陰間本人も陰間茶屋も大騒ぎだったという。

せて、いちぶのり〔潤滑油の一種〕を口の中でよく溶かしてお尻とペニスに塗り、ペニスの先のほうだけ入れて、その夜はそれで終わり。二日目も雁まで入れて終わりにする。三日目はペニスの半分ほど挿入し、四日目からは根元まで三～四度入れる。この間、仕立てる側はその気になってはいけない。このようにすれば、お尻がペニスを受け入れやすくなる〕

本物のペニスで仕立てるにしても、やはり時間をかけて慣れさせていったことがわかる。なにしろまだ10歳代前半の少年であり、慎重に訓練をしたのだ。

❖背は高くなりすぎず、鼻は低くなりすぎず

そのほか、当時の陰間は背が高くないほうがいいとされていた。そのため、「寝伸びをたしな」んだと、『野郎絹《やろうきぬ》ぶるい』という本に書かれている。つまり、寝ているときに伸びをしないように気をつけていたというわけだ。そんなことで背の伸びがとまるはずもないのだが。

また鼻筋の通った高い鼻が人気という時流もあり、鼻を高くする努力もした。寝る前に鼻に綿を巻いて、木の板で挟んで寝たという。『野郎絹ぶるい』にも、「しんべこのときは鼻をつまみあげられ」と書かれている。

当時の陰間は寝ているときにもこのような努力をしていたのである。

陰間に学ぶ床入りのマナー

❖客を招く前の準備

陰間と遊ぶにはそれなりのお金が必要だったから、一見の客も多かった。もちろん、客の好みや陰間個人によって客を迎える方法は変わるが、基本的な迎え方というものがあった。

まず、床に入る前にトイレに行っておく。行為の最中にもよおして、行為を中断させるのは野暮である。また、お尻にペニスを入れられると、その刺激によってもよおしがちになってしまう。腸のなかに糞便をためておかないようにするのがマナーであった。糞便が残っていると、相手のペニスに糞便がついてしまうこともあったので、床入りの前のトイレは大切だった。その際、陰間はこんにゃくを食べることを推奨された。こんにゃくを食べると、腸がきれいになるといわれたからだ。なお、トイレに行く際には、その姿を客に見せないようにした。

それとともに、お尻をきれいにしておくのも忘れてはいけない。若くてかわいらしい陰間にとって、清潔感はなによりも重要だった。

そして手を洗って臭いを消し、歯を磨いてうがいをした。とくに本日ふたりめの客のような場合、ひとりめの客の臭いを残していては興覚めであるから念入りに行った。『葉隠《はがくれ》』によると、衆道の関係における若衆（ウケ役）は、飲みすぎや顔色が悪いときは紅粉を使うといいと書かれており、陰間も顔色が悪いときは同じ方法を使ったであろうことは想像に難くない。

本図は念者と若衆の図だが、陰間も客とキスをすることはあり、陰間から積極的に行うこともあっただろう。（『若衆遊伽羅之枕』）

❖挿入までの手順

陰間遊びが初めてという客の場合は、基本的に陰間がリードして行為を行う。陰間のほうから客に身を寄せて布団にいざなう。いざ布団に入ったら、今度は「言葉数なく近寄らず」、客の気をもませる。客の気がはやってきたら、客のペニスをいじり、「一生忘れぬ程のうれしき事」をささやいて身を任せる。つまり、甘い言葉をささやいて客をその気にさせるのである。

いよいよ客のペニスが勃起してきたら、まずは「口を吸わせる」。すなわちキスを

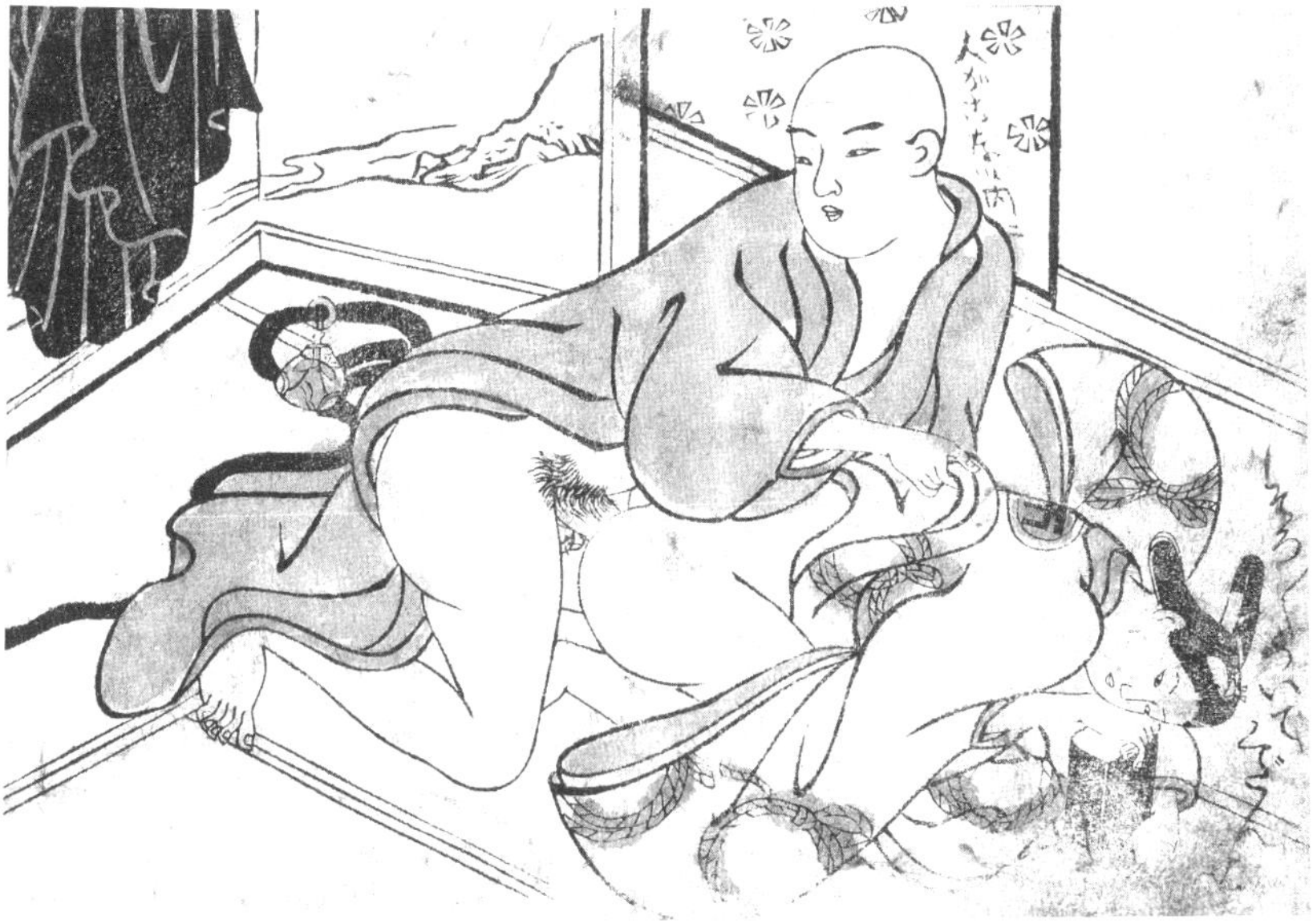

陰間と行為する場合、後ろから行うのが基本だった。初心者の場合はなおさらで、後ろからのほうがお尻が見えやすいからだ。（『好色妹背河』）

してムードを高めてから挿入させる。その際、陰間は後ろ向きになる。後ろからのほうが、ペニスを挿入しやすいからである。

明和《めいわ》年間（1674~1772）に発刊された『艶《び》道《どう》日《にち》夜《や》女《じょ》宝《ほう》記《き》』という本には、「衆《しゅ》道《どう》は玉《ぎょく》門《もん》とちがひ穴ちひさき物なれば、大なる一物はうけがたし。しかるときは図のごとくうつむけになりて、またをひろげ、息をつめて穴を内へ引様《ひくよう》にすれば茎《へのこ》はいりぬなり」と書かれている。女性の陰部とは違って肛門は小さく、大きいペニスは受け入れづらいので後ろから性交したほうがいいと説かれている。

このとき、ペニスがお尻に入りやすいように潤滑油を取り出して、自分のお尻と相手のペニスに塗る。

客のペニスを受け入れたときは身を縮め

ず、いい気持になったら顔をねじ向けて、再びキスをした。

客が射精したら、精液をふき取り、精液を拭いた紙を床に残さないように細心の注意を払う。

これらが、陰間の基本的なマナーだった。

❖話をし、キスをする

また、『男色十寸鏡《なんしょくますかがみ》』（1687〔貞享《じょうきょう》4〕）という浮世草子には、次のように書かれている。

「床にいり給《たま》ひて男の気をすゑさせ、平世《へいせい》になるまではたがひに真向《まむかい》にふして、わざとならぬはなし有《ある》べし。其咄《そのはなし》も何がなと、ことうきたるやうな木に竹つぎたるごとくのそぐわぬ咄はつたなし。男おほかたせくものなれば、此《この》はなししかけたまふうちに心おちつくなり。其うちにまくらもとに香などくゆらし給ふべし。わすれがたきやさしさなんめり。扨《さて》やうやくしめやかになりたるとき、そとみづからの帯をとき給ふべし」

（床に入って男の気持ちを落ち着かせ、平静になるまではお互いの顔を向けて横になり、さりげない会話をするように。その話が何やかや、ありもしないこととか、木に竹をついだようなわざとらしい話はみっともない。男はたいてい気がはやるものだから、話をしているうちに気分が落ち着くものである。そのうちに枕もとに香などをたくといいでしょう。忘れがたい優雅な雰囲気になるでしょう。さて、ようやくしんみりと打ち解けたら、そっと自分の帯をほどきましょう）

これは、衆道関係にある弟分に対するレクチャーだが、陰間にも通用する注意事項だったのではない

だろうか。

いざ性交の段階になったら、次のようにするよう解説が続く。

「男気ざしたるていにみえば、かくありて後肌あわせて水もらさじと、ひたひたといだき給へば、何ほどよはき男もこれにいさめられてだきしめる也。此《この》ときしっほりとかかって、口をすはせ給ふべし。思ひにしづんだ男、今のうれしき心のうち、たとへていはんかたなかるべし」

（男がその気になってきたら、おもむろに肌をくっつけて、水も漏らさないくらいしっかりと相手を抱きしめれば、どんな精力の弱い男でもこれに刺激されて抱きしめてくるものである。このとき、しっぽりと身体を預けてキスをしなさい。思いに沈んだ男でも、このときの嬉しい気持ちはたとえようもないものである）

お互いに抱きしめ合ってキスをすることで、相手をその気にさせるというわけだ。

男性と枕をともにする若衆。これは衆道関係にある男同士の話だが、陰間の床入りの際も同じようなことがあったのではないだろうか。（『男色十寸鏡』）

このように基本的なやり方はあったが、結局のところ最終的には陰間の性は、客の意のままであった。「心底おぼつかなき初会より、その身を客の物になして勤め給ふ」（心の中がまだわからない初めての相手でも、その身を客に委ねてつとめる）というように、客がしたいことに応えるのが陰間の仕事であり、どのような相手にも合わせることが陰間のつとめであった。

❖客の前戯

客のほうも、なるべくすんなりペニスが入るように準備をした。「莫大の難儀陰間に二本指」という川柳がある。陰間のお尻にペニスを挿入する前に、指をお尻に入れるということだ。相手が女性の場合、前戯として指で陰核を揉みほぐすのだが、相手が陰間の場合は、指につばをつけてお尻に入れることで、ペニスを挿入しやすくなるというわけだ。

「大だわけ陰間をくじる馬鹿和尚」という川柳もある。「くじる」は陰部に指を入れることで、女性を相手に前戯をするように、馬鹿な僧侶は陰間に対してもお尻に指を入れて愛撫すると嘲っている句である。しかし、陰間のお尻に指を入れるのは、前戯というよりもお尻を揉みほぐしてペニスを入れやすくするための作法である。

「心中に和尚陰間のけつを舐め」という句もあり、陰間のお尻を舐めることもあったようだ。また、『枕文庫《まくらぶんこ》』（1823年〔文政《ぶんせい》6〕）という春本には、客の心得として「男根を入れること深からしめずして」とあり、陰間と肛交する場合はペニスを深く挿入してはならないと書かれている。

陰間の必需品・「通和散」とは？

❖性具を売っていた「四ツ目屋」

ペニスをお尻に挿入する際、そのままではとても入らない。そもそもペニスをお尻に入れることが無理筋の話である。そのため、潤滑油でお尻を潤わせたうえで挿入することになる。現代のローションである。

陰間が使った代表的な潤滑油が「通和散《つうわさん》」である。煉木《ねりき》、あるいは練り木とも呼ばれる白い粉薬で、ふのりと卵を使って作られたという。

陰間茶屋が多くあったことで有名な京都宮川町《みやがわちょう》で売られたのがはじまりで、その後、江戸にも伝わった。江戸では、「天神《てんじん》の裏門で売る通和散」という川柳が詠まれるなど、湯島《ゆしま》天神近くの「伊勢七《いせしち》」という店のものが有名だった。

また、両国米沢町《りょうごくよねざわちょう》（中央区東日本橋。当時は両国の西側も両国と呼ばれていた）にあった四《よ》ツ目《め》屋《や》という店の通和散も有名だった。四ツ目屋は当時、媚薬《びやく》や性具などを売っていた小間物屋《こまものや》で、性具が「四つ目屋道具」と呼ばれていたほど、その道では有名な店だった。

通和散は陰間専用というわけではなく、女性と性交する際も使った。

通和散の原料は「トロロアオイ」という植物である。トロロアオイは、和紙を作る際の糊料《こりょう》として利用されていることからもわかるように、その根は白色の粘液質でできている。

陰陽 通和散
壹包
半包
本家
東京両國橋通吉川町
四ツ目屋狩野

江戸両国あたりにあった四ツ目屋の通和散の効能書。通和散を買ったときについてきたものと思われる。（『江戸のかげま茶屋』所収）

❖通和散の使い方

通和散はそのままでは使えない。『天《あま》の浮橋《うきはし》』（1830年〔天保《てんぽう》1〕）に「子どもはかの通和散を唾《つば》にてとき」とあるように、通和散を使うときは粉末を口に含み噛んで、だ液で溶かすのである。〝子ども〟とは陰間のことである。

しばらく噛んでいると、粉末がどろどろとしてくるので、これを指先にとって自分のお尻と相手のペニスに塗り付けた。

若衆のお尻に挿入しようとしている男。なにやら口の中から取り出そうとしているように見えるが、おそらくこれから通和散を塗り付けようとしているところと思われる。(『恋濃婦登佐男』)

陰間はたいてい自分用の通和散を用意していたが、客が通和散を持ってくることもあった。

この場合は、客が陰間のお尻と自分のペニスに通和散を塗り付けた。ただし、客の通和散を使うときも、客のペニスには陰間が塗り付けることもあった。

『野郎《やろう》実語教《じつごきょう》』(1697年〔元禄《げんろく》10〕)には、「節々《せつせつ》逢《あい》ては、あなたの彼所《あそこ》へこちらから付《つけ》たるがよし」とある。

たびたび会う常連の客には、陰間のほうから積極的に客のペニスに通和散を塗りなさいということである。客としても、自分で塗るよりは陰間に塗ってもらったほうが刺激的であろう。

『色道禁秘抄《しきどうきんぴしょう》』(1834年〔天保《てんぽう》5〕)という本には、「通和散も湯水にて解き用ゆれば効少《すくな》く、津液《しんえき》に和《わ》すれば功《こう》多し」と書かれている。通和散を湯水で溶いてしまうと、水分が多すぎて役に立たなくなるということだ。〝津液〟とは唾液のことである。

梅花堂《ばいかどう》という坂本町《さかもとちょう》（台東区松が谷）の店では、通和散の類似商品が売られていた。

梅花堂の商品は奉書四つ切の包紙に包まれ、包紙には白椿の花が薄墨で刷られていた。その中に、潤滑油代わりの粉末を入れた小袋が１００包ばかり入っていたという。

梅花堂の薬は、寛永寺《かんえいじ》に近かったこともあり僧侶が買うことが多く、僧侶間の贈答にも利用されたという。その際には10～20袋を大きく包んで熨斗《のし》をつけ、「決定往生」と上書きしたという。１袋で１００包あったというから、10袋で１０００包もの数になる。それだけ僧侶は通和散等を必要としていたということだろう。

僧侶たちはこれらの粉末を「白塗香《しろぬりこう》」という隠語で呼んでいたともいう。

❖長命丸と錦袋円

ペニスに塗り付けるものとして「長命丸《ちょうめいがん》」という薬があった。これも、先に紹介した四ツ目屋で、「オランダ伝来の秘薬」として売られていたものだ。

長命丸は塗布剤の一種で、挿入する前にペニスに塗ると勃起力が持続するとされた。竿の部分が温かくなるのだそうで、強精薬として利用された。また、ペニスに塗るとぬめり気が出るので、潤滑剤としても使え、お尻への挿入をスムーズにすることができた。

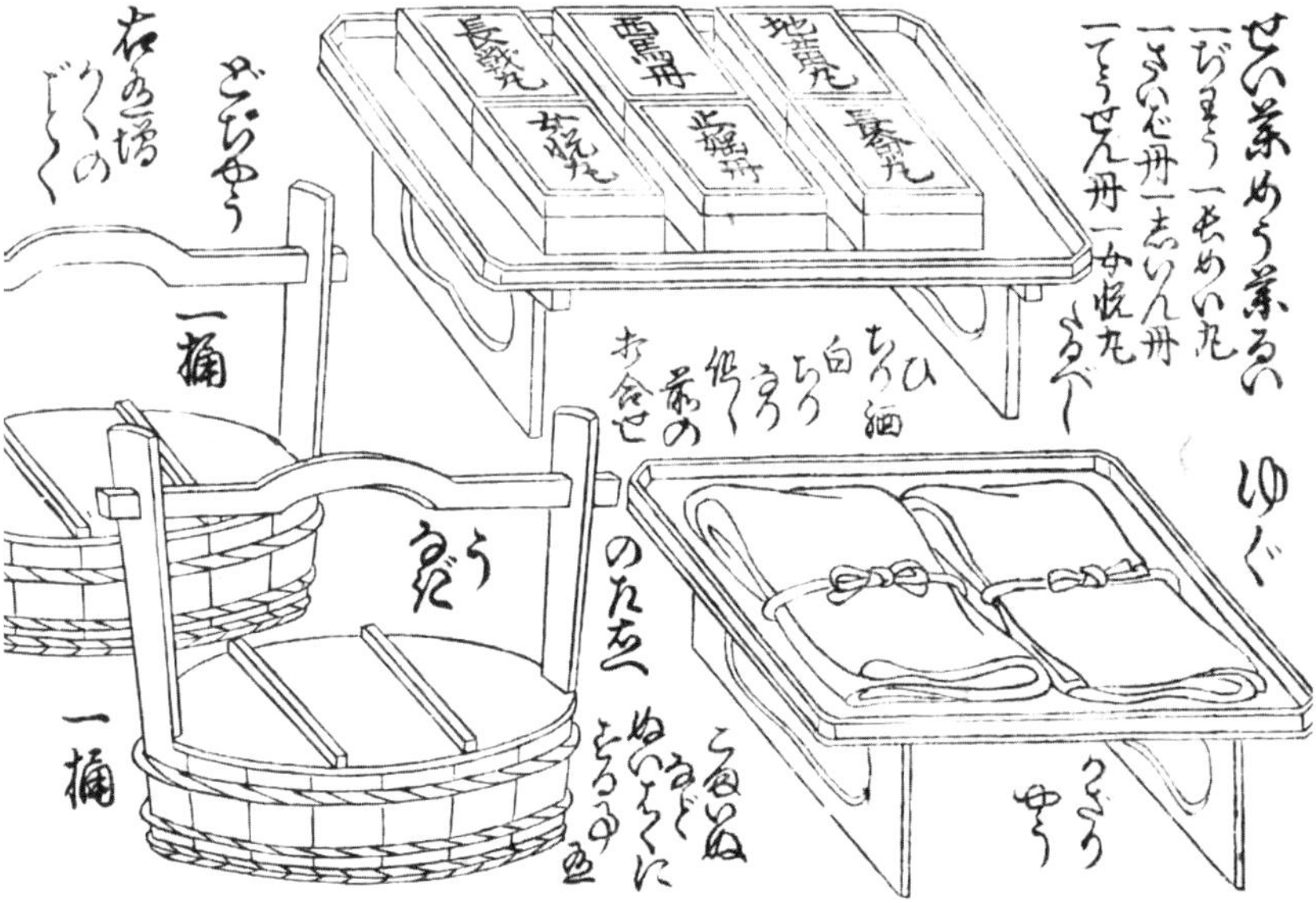

『婚礼秘事袋』という本に描かれた長命丸。右上の台に載せられている。ほかの５つも性交時に使う媚薬のようなものだ。

長命丸の内服薬版として「帆柱丸《ほばしらがん》」という薬も四つ目屋で売られていた。長命丸は副作用があったともいい、常用する人は少なかったともいわれる。

媚薬の一種としては、「錦袋円《きんたいえん》」というものもあった。上野池之端《いけのはた》で売られていたもので、もともとは毒消しや痛み止めなどに服用された万能薬だったが、これを噛みくだいて亀頭に塗るとより快感を得られたのだという。

そのほかに「地黄丸《じおうまる》」「西馬丹《さいばたん》」といった服用薬もあった。地黄丸は腎虚を改善するための漢方薬だが、強精剤としても使用され、勃起不全に効果があるとされた。西馬丹も精力強壮薬の一種で、勃起力を改善するとされた。モノに自信がない客は、陰間と一戦交える前にこれらを使用したのだろう。

❖通和散を買えない人はどうする？

食料品を潤滑油として使うこともあった。

まずは銀杏《ぎんなん》である。ひとつまみの銀杏をよく割り砕いて粘液状にして使ったという。昆布も潤滑油のひとつだった。昆布を水につけて塩気を出しておき、よく噛んでぬるぬるしてきたら、それを男根に塗った。

また、里芋をすりつぶしたものを使うこともあった。江戸時代初期の頃は、ひまわりの根をさらして臼で杵《つ》き、その粉末を使ったり、性交前にひまわりの根を直接かんで粉末状にして使ったりしたともいう。『男色《なんしょく》十寸《ます》鏡《かがみ》』に「ねり木の汁をぬり、又は蜜をぬりてとおし侍ればやはらぐなり」とあり、代替品としてはちみつを使うこともあったようだ。

❖山椒の粉を尻に塗る方法

潤滑油ではないが、お尻に塗るものに山椒《さんしょう》の粉があった。『好色旅枕《こうしょくたびまくら》』（1695年〔元禄8〕）に「山椒の粉を少し唾にて練り、おゐどの穴に挟めばしきりに痒《かゆ》うなる」とある。『百人《ひゃくにん》一《いっ》出《し》拭《しょく》紙《し》箱《ばこ》』にも「山椒の粉を少し唾にて穴に差し込み候べし。しきりに痒み出《いず》るなり」と書かれている。「おゐど」はお尻のことで、山椒の粉を唾と混ぜて塗るとその刺激で肛門内がかゆくなるという。その状態で挿入されると、痛みよりもかゆみのほうが勝り、肛交に慣れていない陰間も楽にできるという。また、挿入されることでかゆみが刺激され気持ちよくなるともいう。

客を満足させた陰間の性技

❖相手の情に応える

陰間は客を取れないと、茶屋の主人に暴力を受けるなどの折檻をされることもあった。そのため、陰間としての評判を上げ、何度も指名をとる必要があった。

そのためには、相手が一夜限りの客であったとしても、客に疑似恋愛を感じさせるテクニックが必要となった。

大坂に松島半弥《まつしまはんや》という女形がいた。半弥は「人の命をとるほど」の床上手だったといい、役者としても陰間としても人気を集めた。あるとき半弥が舞台に立っていると、客席から紙に包まれた小指が投げ込まれた。江戸時代初期の男色家のなかには、自分の身体を傷つけて相手に自分の思いを伝えるという過激な手段をとる者もいたが、半弥の時代にはそんな客はほとんどいなかったので場内は騒然となった。

しかし半弥は騒ぐことなく、その夜、その客を受け入れる準備をして待っていたという。

『男色大鑑《なんしょくおおかがみ》』には、威張った武士を脱力させ、百姓を都会者のように垢抜けさせ、神主だったらその野

鼓を披露する陰間。陰間は性技だけでなく、芸事のひとつもできなければならなかった。（『会本夜水交』）

暮な髪形を変えさせ、坊主は人並みの服装に変え、一座の興を盛り上げたという、すごうでの陰間がいたという話がある。こういう手練れの陰間がいたのだろう。

一夜限りのお金のつながりとはいえ、相手の情に応えるのが陰間の手管であった。

また、陰間が女性に買われたときに、陰間のなかで言われていたのが、女性に買われたときは2回しないということだった。そうすれば、女性のほうが歯がゆがって、また呼んでくれるからだ。毎度毎度、女性に堪能させてはいけないということだ。

❖座興を盛り上げる

陰間は、身体を売るだけが仕事ではなかった。たとえば、客に対してお礼の手紙を書く。もちろん、再び指名してくれるように頼むことも忘れない。しかし、そのためには文章を書く能力も必要である。

舞台に立つ役者であろうと陰間であろうと、客の座敷に招かれては酒の相手をしなければならなかった。前の座敷のことはいっさい口に出してはならないし、今夜初めて呼ばれた客のように愛嬌を振りまかなければならない。

また、その座敷では歌舞座興をも演じる必要があった。たとえば井原西鶴《いはらさいかく》の『西鶴置土産《おきみやげ》』には、男娼が義太夫節《ぎだゆうぶし》を歌ったり、三味線《しゃみせん》を弾いたり、舞を踊ったり、影人形を操ったりしたという。なかには、口に水を含んで口から水を吹き出し、壁に文字を書くという、隠し芸のような芸を見せる陰間もいたという。

それから話術も必要であった。「八宗《はっしゅう》へ口を合はせる陰間茶屋」という川柳がある。江戸時代の庶民は、キリシタンでないことを証明するために、寺院に檀家として所属させられていた。したがって陰間茶屋に来る客はなんらかの宗派に属していた。八宗とは、江戸時代に代表的な8つの宗派のことで、陰間は客がどんな宗派に属していようが、話を合わせられるだけの知識をもっていたということだ。

芸を身につけ、文才もあり、知識もあるという点で、陰間の心得は、遊女のそれとよく似ているといえよう。

❖「すまた」という技術

陰間は一日に客ひとりというわけではなかった。売れっ子の陰間は一日に複数人の客を相手にしなければならなかった。

陰間の場合、一日に何度もお尻にペニスを挿入されることはできない。そういう場合、陰間は「素股」という技を使った。

素股は現在でもつかわれる方法なので、やり方はあえて記述しない。素股の起源は『好色訓蒙図彙《こうしょくきんもうずい》』によると、「むかし善祐《ぜんゆう》法師というもの淫乱にして、あまたの少年愛しける。しかるに善祐が大へのこなるに、少年はしのぎがたく、会うたびに嘆きければ、善祐工夫して少年の股にて行いける。これ素股の始《はじまり》なり」とある。素股はもともと男性同士の性交から生まれた技だったというわけだ。

もちろん、この話が本当かどうかはわからないが、江戸時代にそういう認識があったことは確かだろう。上手な陰間になると、ペニスを太ももでしっかり締めつけ、手を後ろに回して雁首を指先で握り、相手に気づかれることなく素股で処理することができたという。

❖肛交以外の行為は何があったか

客を取るためには、床のなかでの性技も重要だった。しかし、これに関しては肛交以外の性技については文字資料があまりないので、春本の挿絵などから類推するしかない。

まず、肛交以上に男性同性愛者が行うのがオーラルセックスだろう。

1653年（承応2）に刊行された『いぬつれづれ』に「こわごわしきしたを出し、つめのさき、かかとのはづれまでねぶり」という記事がある。硬い舌を出して、爪の先からかかとの端まで舐めると

男色者の定番性技である口淫は当然、江戸時代にもあっただろう。図は中国風の登場人物だが、江戸時代の絵師・月岡雪鼎が描いたもの。(『会本夜水交』)

いう意味で、足を舐めたあとはペニスに移行したのではなかろうか。

1678年（延宝《えんぽう》6）発刊の『けしずみ』という春本には、「わたくしものねぶらせたるは法外なれば兎角いはれず」と書かれている。〝わたくしもの〟は陰部、つまりペニスのことである。ペニスを舐めさせるのはあまりのことなので、とやかくいうこともないという意味で、オーラルセックスが実際にあったことを示唆している。

客が女性に興味のない真の男色好きであれば、逆に陰間のペニスを舐めることもあっただろう。

あるいは、お互いに舐め合うという行為もしたかもしれない。江戸時代でも男女の間では行われていたから、男性同士でもしていたのではなかろうか。

相手の陰部を舐め合う男女。男女間で行われていた行為であれば、男性同士でも行われていたと考えていいだろう。(『あづまひな形』)

1663年（寛文《かんぶん》3）発刊の『よだれかけ』という本に、男同士で「口門《こうもん》をねむるは非なれば」(ペニスを舐めるのはよくない)とある。オーラルセックスを否定した文章だが、実際にそのような行為が行われていたからこそ、このような記載がなされたのだろう。

また、『枕文庫《まくらぶんこ》』（1823年〔文政《ぶんせい》6〕）という春本に、男色に関する記事として、次のような記述が見られる。

「人の身《み》うちに淫《いん》を受《う》くる處《ところ》七所あり。前陰後《ぜんいんこう》竅《ぐ》および口と両手と両足の彎《ひつかがみ》なりといへり。天竺《てんじく》は西の夷《えびす》なれば口をもて求《へのこ》をうける事ありと見へたり」

後竅とは肛門のことで、彎はくぼんだところで、ここでは肘と膝の裏を指す。求はペニスである。

人は快楽を受けるところが7カ所あるとし、

男性のペニスをしごく女性。陰間としても、相手のペニスをしごくくらいであれば、口淫や肛交に比べればハードルは低かったと思われる。(『会本夜水交』)

男女のからみの絵だが、このように客の亀頭を愛撫するようなことも行われていたのだろう。(国際日本文化研究センター蔵)

客のペニスをさわることも相手を興奮させるための性技のひとつだったと思われる。(『男色山路露』)

そのなかに口があり、口でペニスを受けること、つまりオーラルセックスもあったと書かれている。

❖客のペニスをいじる

客のペニスをいじることも陰間は忘れなかっただろう。衆道の関係において弟分である若衆が、兄分のペニスを触ることはあったし、男女の関係でもそれはあった。

オーラルセックスに移行する前段階として、相手のペニスをしごいたりすることは十分あったと考えていいのではないだろうか。

右ページ下の図は女性が男性の亀頭を触っているところで、男性は気持ちよさそうにしている。男性にとって亀頭は敏感な部位であり、女性にされて気持ちいいことを陰間にも求めたことは想像に難くない。

お尻に挿入されながらも自分のペニスをしごく陰間。これも客へのサービスの一環であろう。(『男色山路露』)

❖客にペニスをしごかせる

陰間は客と性交しているとき、客に自分のペニスをしごかせることもした。男色を好む人のなかには、「外洩《そとも》れ」を期待する人もいた。

外洩れとは、性交中に相手が射精することをいう。

外洩れは、相手のペニスに触ることなく相手を射精させることで、高度なテクニックを要したし、外洩れしない体質の陰間もいる。そこで、相手のペニスをしごいて射精してもらった。

また、上の図のように、陰間自身が性交中に自分のペニスをしごくこともあった。

❖イメプレで客をもてなす

現代の売り専では「イメージプレイ」を提供している店もあるが、江戸時代にも同じような趣向で客を迎えることもあった。

お尻に挿入されながらも自分のペニスをしごく陰間。これも客へのサービスの一環であろう。

上の図は陰間茶屋での一コマだが、陰間の頭のところに塗桶《ぬりおけ》という道具と綿が置かれている。塗桶は綿をのばすための道具で、「綿摘《わたつみ》」という職業であると想像できる。

しかし、当時、綿摘は貧しい女性の仕事であり、綿摘の女性は私娼を兼ねることも多かった。つまり、綿摘の道具はそろえてはいるが、登場人物ふたりはどちらも綿摘を職業とはしておらず、この道具は座興を盛り上げるために用意されたものと考えられる。

綿摘の女性と性交するようにしたいという客の求めがあったのかもしれないが、このようなイメージプレイのようなこともあったのだ。

❖体位にも趣向を凝らす

陰間と遊ぶ場合、後ろから挿入するのが基本だった。後ろからのほうが目標を定めやすいから

陰間との情事は後背位が基本だったが、変わった体位を要求する客もいた。この絵のように立ったまま肛交することもあったようだ。客の求めがあれば、できる範囲で陰間は要求に応える必要があった。(『婦男愛添寝』)

客と一緒に春画を見る陰間。卑猥な絵を見ながらムードを高め、このあと床に入ることになる。(『男色山路露』)

だ。せっかく陰間がムードを作ったのに、なかなか挿入できないというのでは興ざめである。

しかし、慣れている客であれば、正常位や騎乗位で対応した。右の図のように、非常に変わった体位で行うこともあった。

❖春画を見て、キスをする

客と一緒に春画を見てムードを高めることもあった。男女間でも春画はセックスの小道具のひとつとして使用されることもあり、男性同士のセックスにも持ち込まれたということだろう。

キスも重要な性技のひとつだった。江戸時代の遊女は客とはキスをしなかったといわれているが、陰間は性交中のキスは拒まなかった。江戸時代の男色関係の春本を見ると、陰間と客がキスをしている場面が多く描かれている。行為の最中に気分が盛り上がるとキスを求めてくる客は多かったのだろう。

春本に見る陰間と客とのキス

●場面①

野郎帽子をかぶった陰間との情事。正常位で性交しながらキスをしている。(『女貞訓下所文庫』)

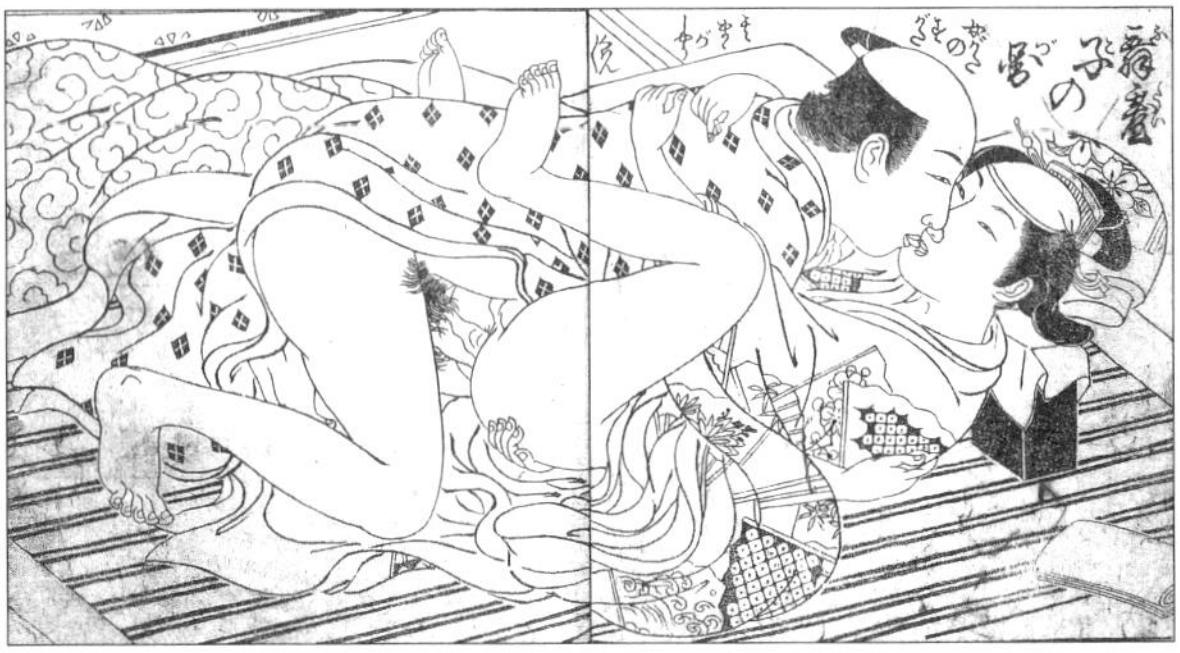

●場面②

巡業で地方に行き、当地で春をひさいだ飛子と遊ぶ。飛子が陰間遊びでのキスを地方に持ち込んだのかもしれない。(『諸遊芥子鹿子』)

●場面③

陰間と遊女と遊ぶ男性。男性に目隠しした陰間が、そのすきに遊女とキスをしている。(『風流色貝合』)

客が好んだ陰間のお尻の形

❖お尻にも3つのランクがあった

1686年（貞享《じょうきょう》3）ころに編纂された『好色訓蒙図彙《こうしょくきんもうずい》』という浮世草子《うきよぞうし》によると、陰間のお尻にも良し悪しがあったという。

その本によると、良いお尻を「上品《じょうぼん》」あるいは「上豚《じょうとん》」といった。「後門に肉多く、福らかにして肌細やか也《なり》」と書かれていて、肉付きがよくふっくらとしていて、きめ細かい肌をしているお尻がいいということである。

さらに、「谷深くして菊座柔らか」（割れ目が深く、お尻の穴の入り口が柔らかい）なお尻がよく、「四十二の襞緩《ひだ》やか」なお尻だと、唾や潤滑剤で濡らすと滑らかにペニスを挿入できるのだという。

一方、悪いお尻は「下品《げぼん》」あるいは「下豚《げとん》」といわれた。下品の特徴は、まず「後台に肉無く厚皮にして骨高なる事、紙越しに簀子《すのこ》を探るが如《ごと》し」だという。やせ形で骨ばっていて、紙越しにすのこを触っているかのような感触のお尻である。こういうお尻は入り口も狭いから挿入しづらく、「愛撫してもいっこうに濡れない」とも書かれている。

『好色旅枕《こうしょくたびまくら》』（１６９５年〔元禄《げんろく》８〕）という春本には、上豚と下豚の間に「中豚《ちゅうとん》」があると記されている。「ひだ三十八あって上とんに四ひだすくなきによって、味上とんほどなけれども、大かたの味なる」とあり、上豚よりもお尻の入り口のひだの数が４本少なく、上豚ほどではないが普通に楽しめると書かれている。

江戸時代は、やせぎすの陰間よりも、少しふっくらとした陰間が好まれたようだ。

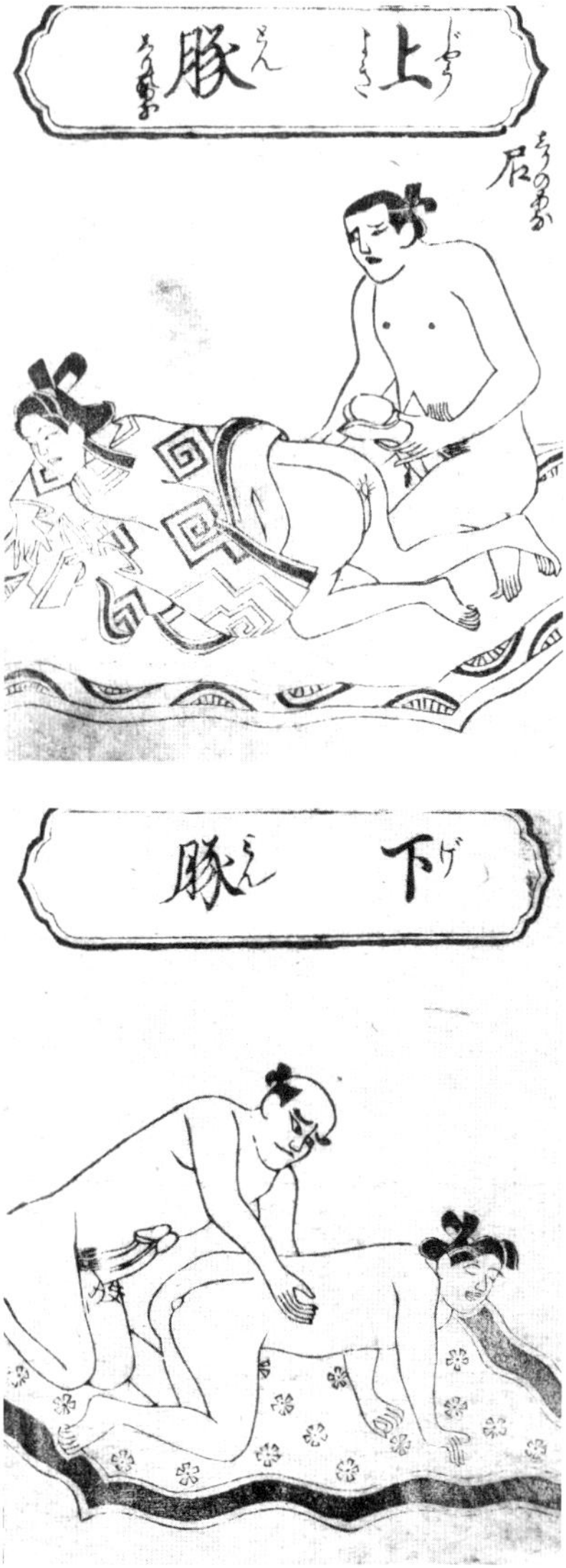

『好色訓蒙図彙』に掲載された「上豚」（上）と「下豚」（下）の挿絵。下豚の陰間もふくよかに見えるが、ひだは描かれていないのがわかる。

嫌な客にも我慢する陰間

❖気持ちが悪い客とする陰間の憂鬱

陰間にも好きなタイプ・嫌いなタイプはあっただろうが、嫌な客が相手でもつとめを果たさなければならない。井原西鶴《いはらさいかく》の『男色大鑑《なんしょくおおかがみ》』には、陰間のこうした葛藤が書かれている。

「きのうは田舎侍のかたむくろなる人に其気に入相《いりあい》頃より夜更《ふく》る迄《まで》無理酒に傷《いた》み」

（昨日は田舎侍の頑固な客に気に入られるようにつとめ、夕暮れ時から夜更けまで無理やり酒に付き合わされてひどい目にあった）

『男色大鑑』には、もうひとつ陰間の愚痴が記されている。

「今日はまた七八人の伊勢講中間《いせこうちゅうげん》として買はれ、鬮《くじ》どりしらるゝなど其中《そのなか》に好《すく》る客もあるに鬮のならひとていや風なる親仁《おやじ》めに取当《とりあて》られ、かしらからしなだれ髪の損ぬるをも構はず、爪の長き手を打懸《うちかけ》られ、楊枝《ようじ》つかはぬ口を近く寄られ木綿の単《ひとえ》なる肌着身にさはりて恐ろしきに」

（今日は7、8人の伊勢講〔伊勢神宮の参詣を目的に集まった集団〕仲間に買われ、床入りをくじで決

陰間と酒宴を楽しむ人々。髪形からすると町人一行である。このあと町人たちは気に入った陰間と夜を楽しむことになるが、誰がどの陰間と寝るかをくじ引きで決めることもあった。(『男色木芽漬』)

めているが、客の中には好きな人もいるんだけどくじ引きだから仕方がない。いやらしい親父に当たったのだけど、はじめからしなだれかかってきて、こちらの髪形が崩れるのもお構いなし。爪の長い手を打ちかけられて、楊枝を使っていない口を近づけられ、薄い木綿の一枚肌着が体に触れて気持ち悪い)

陰間はこういう嫌な客に対しても、しっかり対応しなければならなかった。

この陰間の愚痴から、当時は何人かで連れだって陰間を買い、誰と誰が床に入るかをくじ引きで決めた客もいたことがわかる。

床入りまでの座持ちの苦労

❖話が続かず大酒を呑む

すでに述べたように、客に買われた陰間はすぐに床に入るわけではない。芸事を披露し、酒を飲み、話をして、ムードを盛り上げなければならない。しかし、眠いときや疲れているときは、それが非常に面倒になることもある。『野郎絹《やろうきぬ》ぶるい』という本に、次のような記事がある。

「野郎は女郎のごとくにおし黙っていれば何とやら初心《うぶ》に見へても、座敷めいりて気の毒なり。かわり狂言の話のあとはさらにいうことに事かき、床へ入《はいる》までの勤め、さるにてもおぼしめしの外《ほか》くるしく、いたむは知りながら大盃《たいはい》をすごし、命をけづる勤めがこれである」

陰間は遊女のように押し黙っていれば、どうやらうぶに見えても、座敷の雰囲気は滅入って困る。かわり狂言の話題のあとは話す話題もなく、それにしても他人が想像する以上に苦しく、体を痛めることとは知りながら大酒をすごし、命を削る仕事が陰間である、という意味である。陰間の気苦労が知れる話である。

❖どんなに不愉快でも「気持ちいい」と言うべし

また、同じく『野郎絹ぶるい』に、次のような記事がある。

「大盡《だいじん》も我をだきしめ、そちもよい気持かとの給《たま》ふ。此《この》たわけどうもいはれず、女こそよがるものなれ、若衆《わかしゅ》はいくつになってても心わるく、てんごうつくしをる、心でおかしきにつとめてわしもよい気味と云《い》えば、大盡はよろこび給ふ」

（客も自分を抱きしめ、「お前も気持ちよいか」とおっしゃる。「この馬鹿者、どうも」ともいえず、女こそよがるものだが、陰間というのは何歳になっても不快で、ふざけ半分で尽くしているのだと心のなかでは笑いながら、無理して「私も気持ちいい」といえば、客は喜ぶ）

客のなかには、自分が気持ちいいのだから相手も気持ちいいに違いないという身勝手な考えがあるものなのだろう。しかし、陰間としては、客にそう聞かれたら、嘘でも「自分も気持ちいい」と答えなければならない。これは男女の間でも起こりうることだろう。

こらむ　役者評判記という名の売春情報誌

1660年（万治《まんじ》3）、『野郎蟲《やろうむし》』という本が発売された。これは役者評判記と呼ばれるもので、陰間遊びのための情報誌のようなものだった。売春の手引書といっていいだろう。たとえば、「坂田市之丞《さかたいちのじょう》」については、「小唄、舞よし。利発者。二月末頃から太夫《たゆう》となる。床に入ってからのなまめかしい様子は天下逸品」などと書かれている。「山本万之助《やまもとまんのすけ》」は、「座敷の取り持ちはよくない。この陰間に近づきたいなら、草履取りに金を握らせることが早道という評判。しかし、本人は床入りが嫌いな様子」だそうだ。

こうした評判記はその後、いくつも出されることになる。

まだまだある陰間の苦労

❖陰間の職業病「痔疾」の治療法

陰間にとってなによりの苦労は、仕事を続けているとお尻が傷ついてしまうことである。お尻が傷ついたら、蒸したネギの白い部分をあてて処置していた。陰間にとってネギは必需品であり、いつも瓶にたくさんのネギが常備されていたという。

しかし、痔疾になったらネギなどでは間に合わない。市販の塗り薬を塗ったり、市中のくすり湯に入ったりして治したが、それでも治らない場合、痔を治す最良の方法は温泉療法であった。

平賀源内が描いた『根南志具佐《ねなしぐさ》』（1763年〔宝暦《ほうれき》13〕）に、「但馬《たじま》の城《き》の崎《さき》、箱根の底倉《そこくら》へ湯治する者多きは皆此《この》男色の有るゆゑなり」とある。痔を患った陰間は、京阪なら但馬国の城崎温泉、関東方面なら箱根の底倉温泉を湯治の場所として利用したという。

底倉温泉が陰間の痔に効くというのは有名な話だったらしく、陰間と底倉温泉に関する川柳が多く残されている。痔に苦しむ陰間が嘲笑の対象になっており、いっそう陰間の悲哀を感じる。

痔疾を癒しているところ。座った椅子の下から温泉が噴き出している。椅子に座っているのは小姓のようだ。（『男色木芽漬』）

底倉温泉は「箱根七湯《しちとう》」のひとつに数えられる有名な温泉だが、1811年（文化《ぶんか》8）に発行された『七湯《しちとう》の枝折《しおり》』というガイドブックのなかで、底倉温泉は、次のように紹介されている。

「すべて此《この》湯、痔に験《げん》ある事、世人の知る所にて小姓《こしょう》・陰間のたぐひ常に来《これ》り」

これによると、陰間だけでなく小姓も湯治にやってきたという。大店に奉公している少年が番頭などに乱暴されて、痔疾を患うことも多くあったということだろう。

江戸の陰間の自慰事情

❖射精しないと声変わりをする？

江戸時代、精嚢《せいのう》に精液がたまると声変わりをするという迷信があった。陰間は若いほうが人気があったので、声変わりはしないほうがよいとされていた。そのため陰間は何日か射精していない場合は自分で処理した。相手が嫌な客であったり、肛門性交が苦痛でしかない場合だったりすると、客は射精しても陰間は絶頂に達しないということはよくあることだった。したがって、陰間は自分で処理する必要があったのである。

江戸時代、自慰のことを「五人組」とか「せんずり」などといい、基本的には手淫で処理をした。五人組というのは五本の指で処理することから名づけられた。

そのほか、道具を使うこともあり、有名な性具に「吾妻形《あづまがた》」があった。これは朝顔のような形をしたもので、挿入先にはビロードの布が貼ってあった。素材としてはべっ甲製や革製が主流で、使用する際は人肌に温めてから使った。

「吾妻形」で自慰を行う男性。陰間も自身の性処理のために使うこともあっただろう。（『男色木芽漬』）

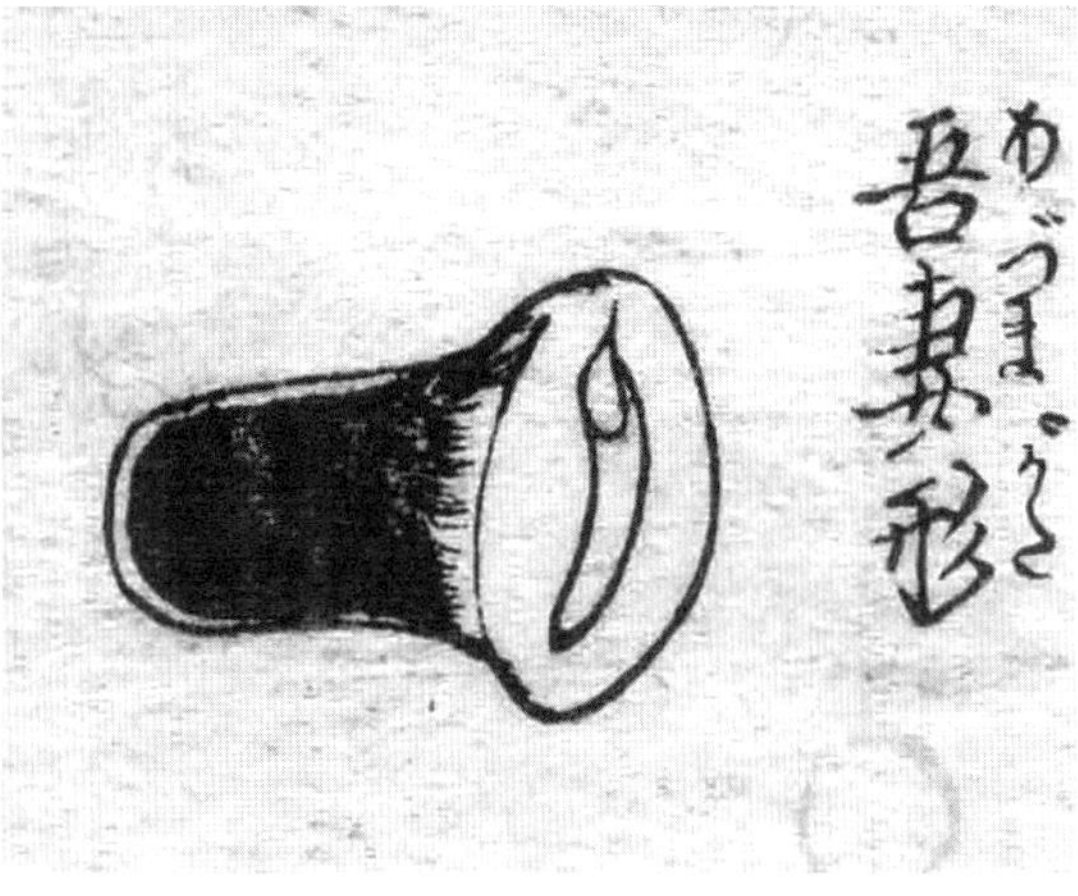

吾妻形。女性器をかたどった自慰用の性具。四ツ目屋で売られていたという。入り口はビロードの布が貼ってあった。（『好色訓蒙図彙』）

陰間の値段

❖日に何人も客をとれない陰間

江戸時代、遊女と遊ぶ代金のことを「揚代《あげだい》」といったが、陰間と遊ぶときも「揚代」といった。若衆《わかしゅ》歌舞伎が野郎《やろう》歌舞伎になって、歌舞伎俳優が男色を売るようになってからは、揚代は一分（銀15匁《もんめ》）となった。その後、万治《まんじ》年間（１６５８～１６６１）頃には、揚代は銀30匁（約５万円）まで値上がりし、太夫《たゆう》クラスの陰間の揚代は銀40匁（約６万７０００円）となった。なかには銀１００匁を超える陰間もいたといい、京都では陰間を一晩買って１２９匁（約21万５０００円）を支払った者もいたという。当時の京都島原《しまばら》の遊女で最高ランクの太夫の値段が銀58匁（約９万７０００円）だから、その高額さがわかるだろう。

これに料理屋で頼む酒肴代がかかるし、花代として祝儀（チップ）も渡さなければならなかったから、陰間遊びは金に余裕のある者の遊びだった。

これだけ高額だったのは、陰間がひと晩に相手できる人数に限りがあったからだ。遊女なら「廻《まわ》し」

江戸時代の貨幣の換算

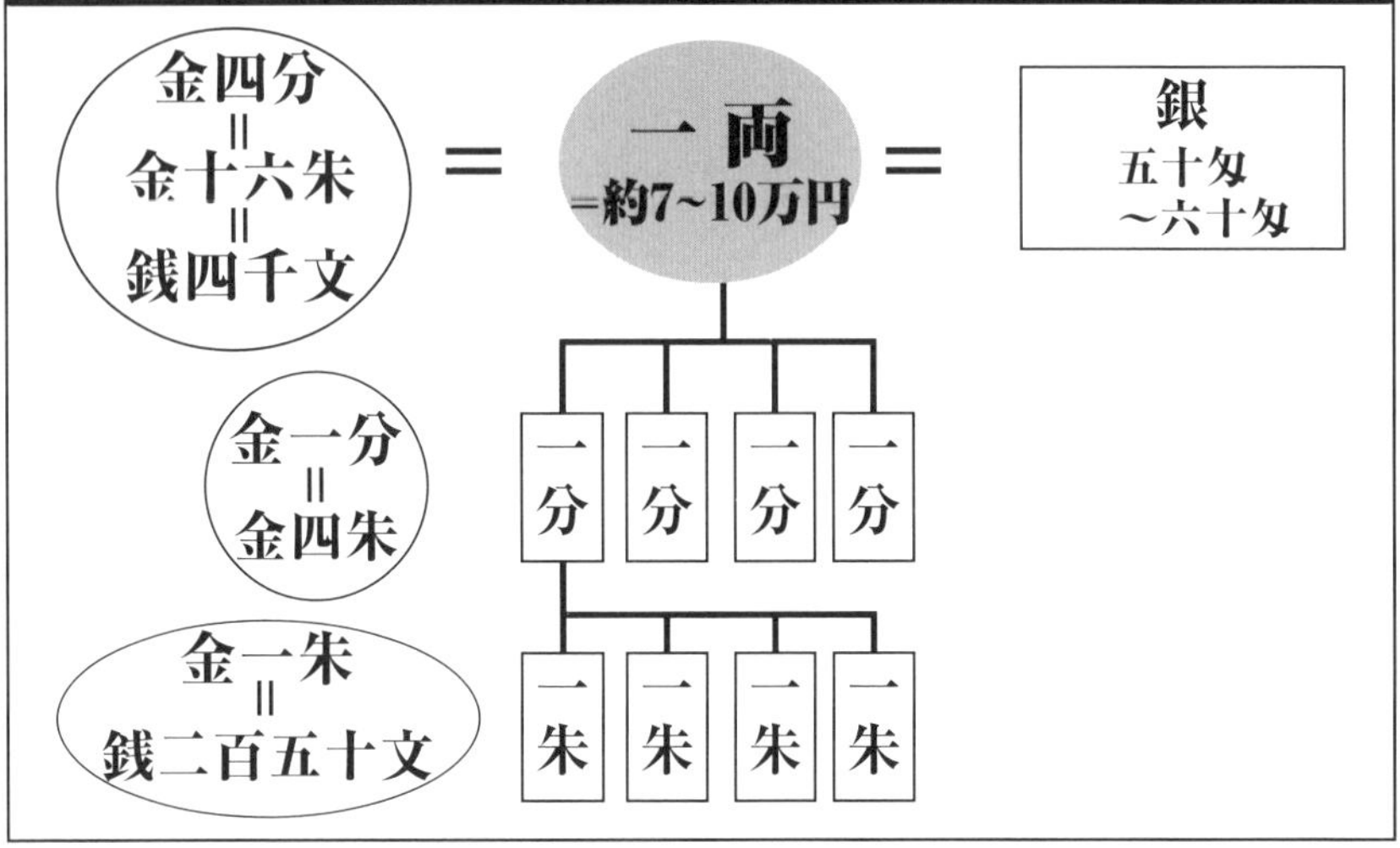

といって、何人もの男性を相手することができたが、陰間はそういうわけにはいかなかった。通和散《つうわさん》のような潤滑剤はあったが、現代のように優秀なローションがあるわけでもなく、日に何度も性交できるわけではない。多くて2~3人までが限界だったのではないだろうか。そのため、陰間の揚代は遊女よりも高めに設定されていたと考えられる。

❖遊女と同等の代金

宝永《ほうえい》年間（1704~1711）になると、陰間の揚代は一分（銀12匁）と再び値下がったが、太夫クラスの陰間は2倍の二分だった。中級クラスの散茶《さんちゃ》女郎よりも高い値付けである。明和《めいわ》年間（1764~1772）になると、太夫・陰間の区別がなくなり、同列で仕舞《しまい》（一日買切り）3両、片仕舞《かたじまい》（半日買い）は昼夜ともに1両2分（銀60匁）、出張は昼夜とも2両となった。このほかに花代として1分が必要だった。

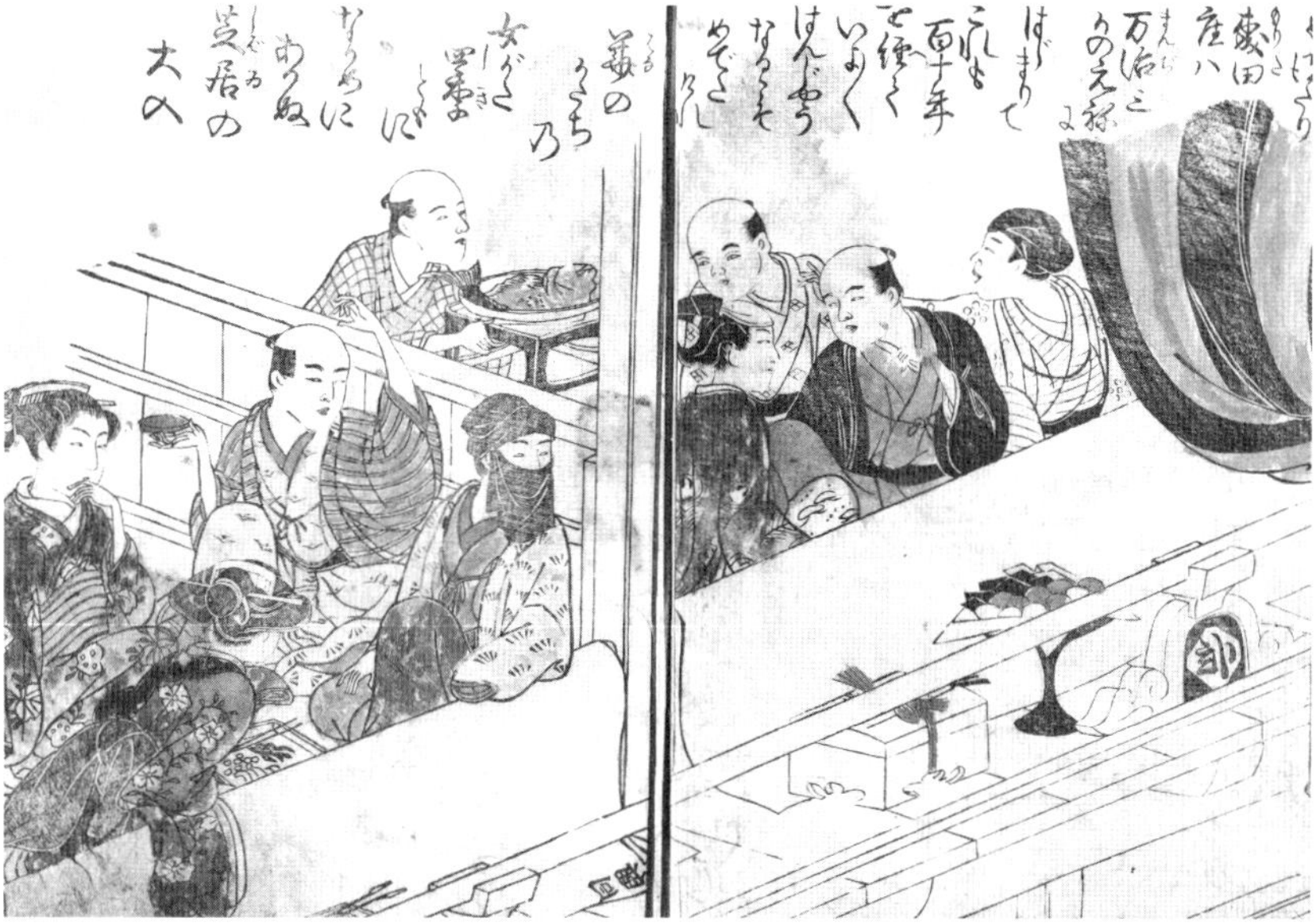

陰間を呼んで酒肴を楽しみながらの劇場観覧。酒や料理は当然、客が支払うことになる。陰間を買うには、揚代だけでなくこうした代金も必要だった。（『絵本三家栄種』）

これは芳町《よしちょう》や葺屋町《ふきやちょう》などランクが上の場所の陰間の値段で、浅草や目白《めじろ》などランクが下がるところの陰間は銀7・5匁ほどだった。

享和《きょうわ》・文化《ぶんか》年間（1801～1818）に出版された『東海道中膝栗毛《とうかいどうちゅうひざくりげ》』には、「釜を抜いて二朱では安い。江戸の安い陰間でも、この二倍はする」という話がある。四朱は一分であり、フリーの陰間などはだいぶ安い値段で遊べたようだ。

幕末頃の湯島天神《ゆしまてんじん》の陰間の揚代は、ひと時（約2時間）一分、ふた時一分二朱、夜の亥《よつ》時《どき》から明六《あけむつ》まで（21時頃～6時頃）一分二朱、寺院に泊まるときは三分だった。祝儀（チップ）はたいてい二朱であったという。

❖陰間を買えない男色者が起こした事件

このように、陰間遊びは高価であり、一般

庶民が払える金額ではなかった。そのため、陰間を買えない男色好きによる乱暴事件も起こっている。

１８５０年（嘉永《かえい》３）のこと、江戸四ツ谷の松嶋屋《まつしまや》という店の奉公人で16歳になる徳次《とくじ》という少年が、千駄ヶ谷《せんだがや》まで使いに出された。その途中、磯吉《いそきち》という博徒《ばくと》が徳次に襲いかかった。磯吉は「男色を仕懸《しかけ》、肛門を堀《ほり》て幸《さいわ》ひをとげ、姦通致せし上ニて、有合《ありあわせ》のぜに四百六十四文を奪ひ取」った。４６４文は現在の価値でだいたい1万円弱である。

徳次はお金を取られてしまったこともあり、店に帰って事の次第を主人の喜右衛門《きえもん》に報告した。喜右衛門は立腹し、翌日に徳次を連れて現場に出向くと、そこで磯吉と出会った。喜右衛門は磯吉を捕えようとし、そこに町奉行の手先が駆け付けて、磯吉は無事に御用となった。

この事件は強盗事件であったから露見したが、親元を離れて奉公に出ている年端も行かない少年が襲われた場合、誰にも言えないということは当然あっただろうし、被害にあった少年が多くいたであろうことは想像に難くない。

店の奉公人が、店の番頭に襲われることも多くあったと思われる。大きな商家ならともかく、中小規模の商家の場合、住み込みで40歳を超えても独身の男が多く、自分の店の奉公人に非道の行為に及ぶこともあったという。

１８４４年（天保《てんぽう》15）、江戸小伝馬町《こでんまちょう》（中央区日本橋小伝馬町）にあった島屋《しまや》という呉服屋の31歳になる番頭・徳兵衛《とくべえ》が、奉公人の竹次郎《たけじろう》という14歳の少年に肛交を強要したことが表面化して事件となった。徳兵衛は京都出身で、「かげま好《ずき》之《の》趣《おもむき》」がある人物で、乱暴された竹次郎は肛門に傷を負ったとい

路地で襲われる少年。陰間遊びにはお金がかかったので、このような非道な行為に出る男もいた。(『好色松の香』)

う。徳兵衛は内々で済ませようと考えたが、この一件を知った近所の職人たちがうわさ話として話に尾ひれをつけて触れ回ったため多くの人が知るところとなり、いたたまれなくなった徳兵衛は店を辞め、京都に帰っていったという。

　この事件は江戸中で知られるようになり、「島屋の番頭尻ほり番頭」などと俗謡にまで歌われるほどで、徳兵衛が江戸にいられなくなったのも理解できよう。

　年端もいかない少年が性的な対象として襲われる事例は、表面化しなかったことから資料にも多く残っていないが、川柳に多く詠まれていることを考えると、江戸中で行われていたのではないだろうか。

陰間遊びをさらに官能的にした性具

❖ペニスの形にかたどった「張形」

ペニスの形に模した道具である「張形《はりがた》」という性具がある。本来は女性を相手に使うものとして売られていたが、男性相手に使うこともあった。

張形はべっ甲、木石、水牛の角、金属、革など素材はさまざまで、もともとは神事の崇拝物として使われていたものだという。

張形には多くの別称があり、男茎形《おわせがた》、男形、偽茎《ぎけい》、箱入男、角細工《つのざいく》、お姿《すがた》などとも呼ばれた。べっ甲製の張形は高級品で、18世紀後半頃の値段は1両ともいわれる。当時、下女の年収が約2両だったので、かなりの高級品である。

当時の張形は中が空洞になっていて、そこにお湯を入れて温めてやると、人肌になってより本物に近づいた。また、張形には女が1人で使うタイプ、女が2人で同時に楽しむタイプ、紐をつけて腰に巻いて使うタイプなど、実にさまざまな種類が開発された。陰間遊びで使う場合は、もちろん男同士で使っ

屋敷を訪れた張形の行商人。当時は店で買う以外にも、こうして行商人から買うことができた。いろいろな種類があったことがわかる。行商人には「陰間上がり」もいて、商品を売るついでに春をひさぐ者もいたという。（『床の置物』）

た。

京都では張形のことを「御用物《ごようもの》」といい、「御用物」と紙に書いて貼り出して小間物店などで売っていた。江戸では、小間物を扱う行商人が売り歩くのが一般的だった。

当時の川柳に「買ひにくい薬行灯《あんどん》に目が四つ」という句がある。〝目が四つ〟とは、先に紹介した、性具や媚薬《びやく》を売っていた四ツ目屋のことだ。四ツ目屋の店先には四つ目紋のついた行灯が置かれていたが、この紋が人の目に見えて店に入りづらいというわけだ。

性に奔放だった江戸の人々も、性具や媚薬を買うのは人目をはばかったようだ。

張形は安価な性具ではなかったので、買えない人は代用品で間に合わせた。『枕文庫《まくらぶんこ》』（1822年〔文政《ぶんせい》5〕）に、次のよう

張形に湯を入れるふたりの女性。張形には熱すぎない湯を入れて、人肌くらいの温度にして使った。人肌にすることで、より本物に近づけたのである。（『艶道日夜女宝記』国際日本文化研究センター蔵）

な記述がある。

「野菜人参《にんじん》の手ごろなるを、かぶを去り、すりこぎの如《ごと》くけずり、切紙につつみ、水にしめし、ぬく灰《ばい》にさしこみ置き、能《よ》く蒸《むれ》たる時、取り出して紙をむき、人肌にさまして張形の如く用ゆべし。さながら本物にひとしく、べっこう細工にまされりといふ」

（手ごろな大きさのニンジンの先端を取り、すりこぎのように削って紙に包み、水にひたしたあと、温かい灰に差して置く。すっかり蒸したら取り出して紙をむき、人肌に冷まして使う。さながら本物のようで、べっ甲細工の張形に勝るという）

ニンジンを張形の代わりに使ったわけである。

張形を小型にした「くじり」という道具

甲形。亀頭にかぶせて使う道具で、本来は避妊具として使用した。陰間遊びで使う場合、表面に少し凹凸がつけられているので、お尻に挿入したときその凹凸がお尻を刺激して快感を与えることもあった。（『艶道日夜女宝記』国際日本文化研究センター蔵）

もあった。張形と同様、鼈甲や牛角で作られているが、これは指にはめて使うものである。こちらも人肌に温めてから使用した。

❖「甲形」と「鎧形」

亀頭にかぶせる甲形《かぶとがた》という性具があった。亀頭のような外見をしていて、水牛の角や薄いべっ甲で作られていた。

甲形を使う場合、使う前に湯に浸して、やわらかくしてから亀頭にかぶせる。言い換えれば短いコンドームのようなもので、避妊具のひとつでもあった。これをペニスにかぶせると、亀頭部がひと回り大きくなったので、大きさに自身のない客を満足させた。また、表面に少し凹凸がつけられていたので、お尻に挿入するとそれがお尻を刺激し、お尻が感じる陰間であれば喜んだ

鎧形。粗い格子状の形をしており、これをペニスの竿の部分にはめこむ。ペニスがふにゃふにゃになっても屹立した状態を維持できるとされ、持続力に自信がない人が使った。(『艶道日夜女宝記』)

ことだろう。

甲形と同様にペニスに装着するものに、鎧形《よろいがた》という性具があった。甲形とは違い、亀頭部ではなく竿の部分にはめ込む道具である。

軟弱になったペニスを屹立させるために使う道具で、そこから「助け舟」という別称もあった。粗い格子状の形をしていて、いつまでもペニスが硬直したままのように感じさせることができたという。

鎧形を発展させたものに、「ひめなきわ」という道具がある。甲形と鎧形を合わせたようなものだ。鎧形は軟弱になったペニスを隠すことができたが、亀頭の硬さまでは補えなかった。ひめなきわなら、亀頭を覆う道具がついているので、萎えたペニスでも行為を続けることができた。

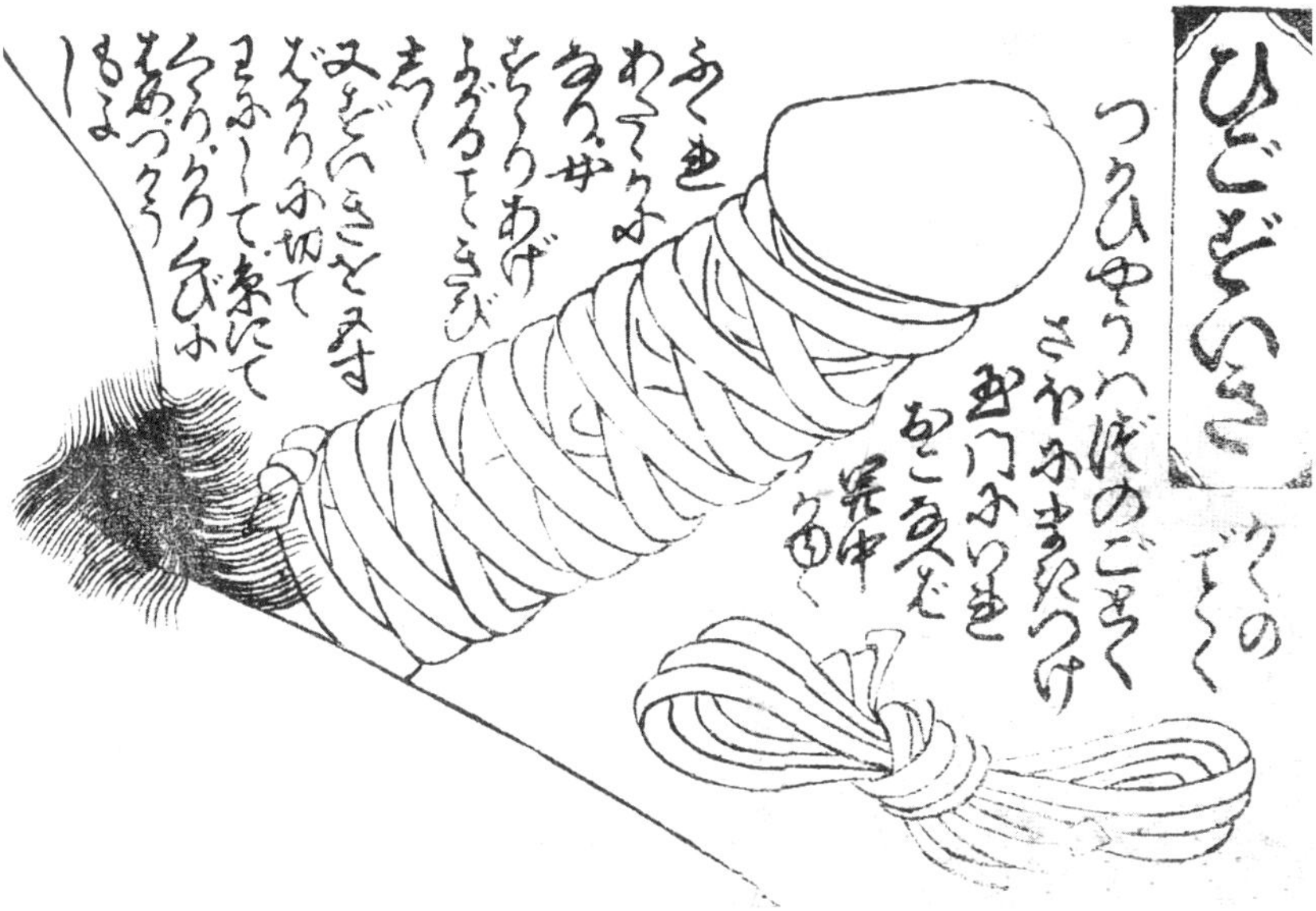

肥後ずいき。ひも状の性具で、これをペニスの竿に巻き付けていく。芋がらの繊維で作られており、水分を含むと膨張した。ペニスを大きくするとともに、挿入された側は、こすられると気持ちよかったのだという。(『艶道日夜女宝記』)

❖「肥後ずいき」の使いかた

ペニスに装着して快感を高める道具は、江戸時代にもいろいろと発明された。

肥後《ひご》ずいきは、ペニスに巻き付ける紐である。芋がらの繊維で作られていて、湯で温めてから、上の図のように雁首《かりくび》から根本にかけて交差するように巻き付けていく。この紐は水分を含むとオクラのようにぬるぬるとすると同時に膨張する。これを巻きつけたペニスでこすられると、挿入された側は気持ちいいのだという。

本来は女性と性交するときに使うものだが、お尻に挿入するときに使う人もいたという。

ただし、ペニスに巻き付けるのに高度なテクニックが必要で、「手繰《たぐ》り出す抜けた芋茎《ずいき》の馬鹿らしさ」という川柳があるように、途中でほどけてしまうことも多かった。行為を中断して紐を手繰り出しては興ざめであろう。

❖雁にはめた「琳の輪」

ペニスに装着する道具に「琳《りん》の輪《わ》」があった。亀頭の根元にはめ込んで用いる性具である。

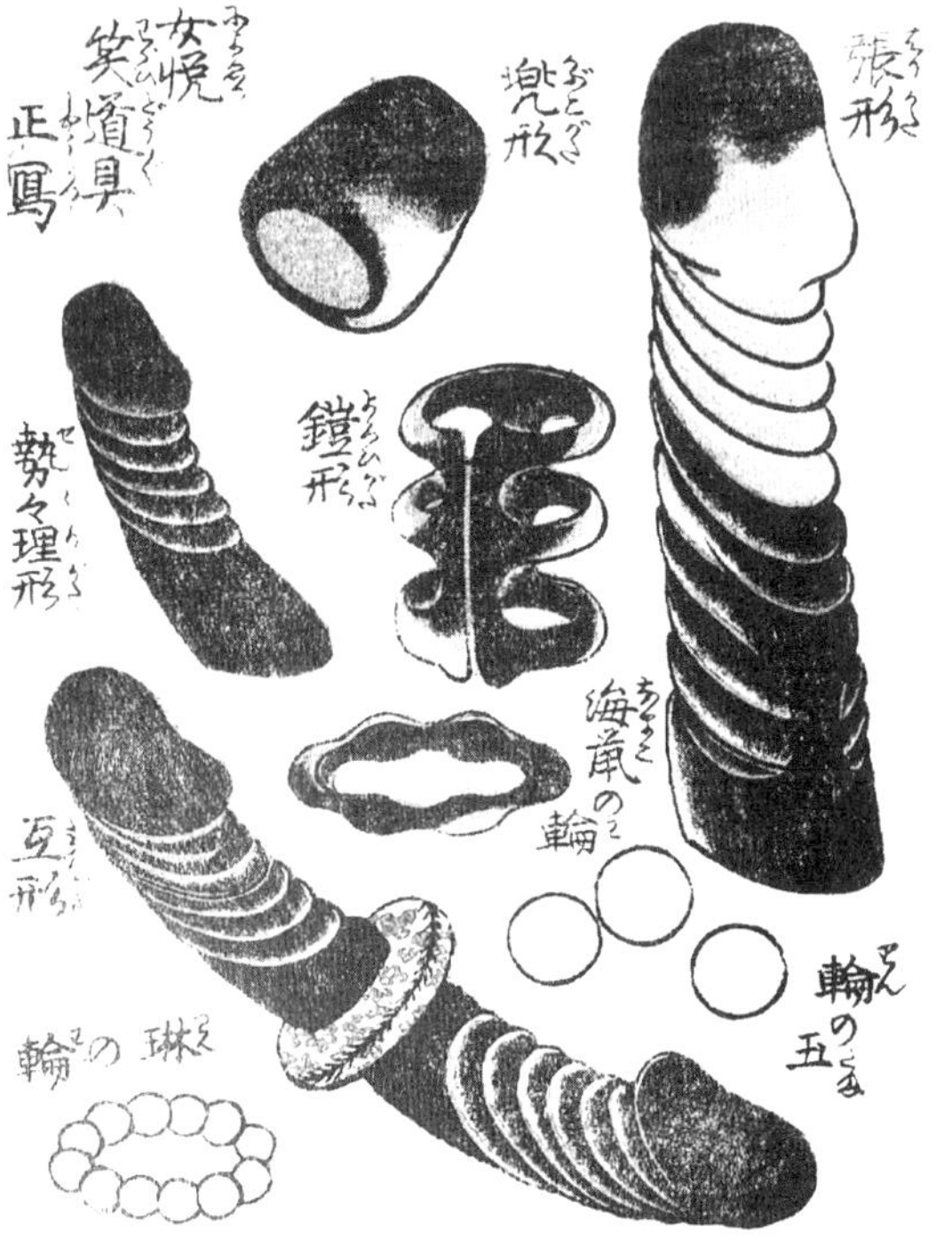

左下に描かれているのが「琳の輪」。雁の下にはめて使った。（『閨中女悦笑道具』）

小さな鈴を数珠のようにつなげた金属製の道具で、ペニスを動かすと鈴がぶつかり合って音を鳴らすという仕組みだった。

鈴の部分が敏感な部分を刺激し、快感を得られたという。使う前に温めたり、蜜や油を塗ったともいわれている。

同じくペニスに装着して、微妙な摩擦感を促すものに「海鼠《なまこ》の輪」というものがあった。

❖陰間ゆかりのグッズも売り出された

性具ではないが、陰間ゆかりの商品がつくられた。明暦《めいれき》年間（1655～1658）頃から、江戸では「若衆《わかしゅ》人形」なるものが売られていた。文字どおり、若衆をかたどった人形である。

『偐紫田舎源氏《にせむらさきいなかげんじ》』で有名な柳亭種彦《りゅうていたねひこ》の手による『還《かん》魂紙料《こんしりょう》』（1826年〔文政《ぶんせい》9〕）に、当時の若衆人形が描かれている。この本によると、「これは婦人の雛《ひな》とハ製作《つくりざま》異にして小児の玩弄《がんろう》にもあらず　却《かえっ》て大人の愛《めで》興ぜしものなり」とある。つまり、女性用でもなければ子供用でもなく、成人の男性が買い求めたというのである。

若衆人形の外観。絵にすると生きた人間のように見えるが、れっきとした人形である。（『還魂紙料』）

種々の物品にも陰間にちなみのあるものが世に売り出された。野郎紋楊枝《やろうもんようじ》、野郎双六《すごろく》、野郎カルタ、野郎姿絵《すがたえ》などがそれだ。また、多くの出版物も売られた。

野郎紋楊枝とは、ひいきの役者の紋を入れた爪楊枝のことだ。陰間のなかには役者を兼ねている者もいたので、野郎紋楊枝を使うと、その役者とキスしている気分を味わえたのだという。

陰間のその後

❖遊女のように落籍されることもあった

陰間の寿命は短い。原則として、少年の清潔さを保つことができる、ほんの数年である。井原西鶴《いはらさいかく》が書いた『男色大鑑《なんしょくおおかがみ》』に次のような話がある。玉村吉弥《たまむらきちや》という陰間に夢中になった男が、郷里の佐渡島に帰って、とにかく金をため、5年後に都に再び返ってくるが、吉弥はもういない。江戸にいると聞いてわざわざ出かけてみると、吉弥はもう若衆ではなかった。「大男なるを是《これ》ぞ玉村が変われる姿」というありさまであった。それでも男は、自分の思いを語って満足して帰っていった。

陰間の多くは20歳くらいになると陰間をやめて社会に出ていった。これを「上がり」と呼んだ。なかには、遊女のように客に落籍される陰間もいた。たとえば、『男色大鑑』にはある薬屋の美少年が、店に立ち寄った伊達男にもらい受けられ、ともに津軽に帰っていったという話がある。また、関西の歌舞伎役者・藤田小平次《ふじたこへいじ》は淀屋辰五郎《よどやたつごろう》に身請けされ、嵐喜代三郎《あらしきよさぶろう》は紀伊國屋文左衛門《きのくにやもんざえもん》に落籍されたともいう。

左下で膝を突き合わせて語り合っているのが玉村吉弥と男。吉弥は元服を済ませ、刀を差しており、野郎帽子もかぶっておらず、外見はもはや陰間ではない。吉弥は歌舞伎役者として「上がり」を迎えたのだった。(国立国会図書館蔵)

淀屋辰五郎と紀伊國屋文左衛門の話の真偽は不明だが、こういう話が誕生する下地はあったということだろう。

『東海道中膝栗毛《とうかいどうちゅうひざくりげ》』の喜多八《きたはち》と弥次郎兵衛《やじろうべえ》は落籍ではなく駆け落ちだが、二人は駿河《するが》から江戸に出て同居し、互いに助け合いながら暮らしていた。

こういうかたちでその後の人生を送った陰間もいたのだろう。

❖常連のつてで就職することも

そのほか、僧侶の寵愛を受けていた陰間は、陰間をやめたあとも僧侶の世話になることがあった。情け心のある大寺の僧侶は、かねて寵愛していた彼らに小役人の株を買って与えたり、寺侍に仕立てたり、多少の資金を与えて陰間茶屋の主人にさせたり、そのほか当人の好む業を経営させたりした。

湯島《ゆしま》の加賀屋《かがや》という陰間茶屋に菊之助《きくのすけ》という陰間がいた。幕末に全盛をきわめた人気の陰間で、のちに大寺の僧侶の力で加賀屋喜三郎《きさぶろう》と名乗った菊之助は、陰間をやめたあと、湯島天神境内に料理店を出したという。

しかし、このような大スポンサーをもたなかった陰間は、フリーの陰間である香具師《こうぐし》となったり、流浪して宮芝居の女形になったりする者もいたという。

それ以外にも、陰間をやめたあとに親元に戻った者もいたし、歌舞伎役者の弟子に渡世替えした陰間もいた。職人の弟子になったり、寺院の住み込みになったりもした。小間物を売る行商人に渡世替えする陰間もおり、櫛《くし》や笄《こうがい》などの頭髪小間物を売ったり、紅や白粉《おしろい》などの化粧品類、張形《はりがた》や長命丸《ちょうめいがん》などの性具や媚薬を売ったりしながら、なかにはそのついでに男色にも応じた陰間もいたという。

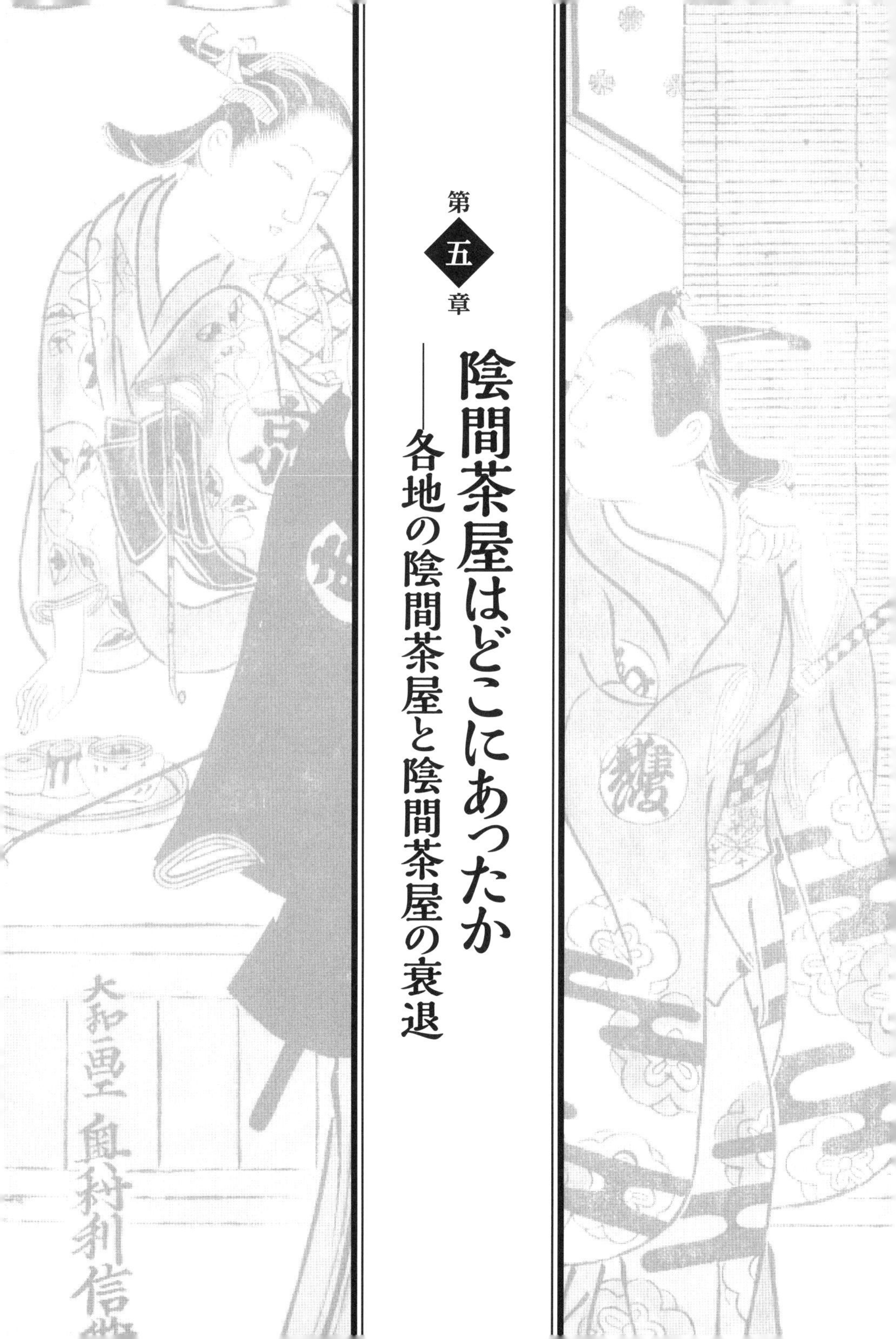

第五章

陰間茶屋はどこにあったか

——各地の陰間茶屋と陰間茶屋の衰退

陰間茶屋はどこにあったか？

❖芝居町に密集していた陰間茶屋

若衆《わかしゅ》歌舞伎が禁止されて野郎《やろう》歌舞伎がはじまると、幕府は芝居小屋の乱立を防ぐために、興行権を認可制にした。やがて延宝《えんぽう》年間（1673〜1681）には、江戸では中村《なかむら》座・市村《いちむら》座・森田《もりた》座・山村《やまむら》座の4つだけに認可が与えられた。中村座は堺町《さかいちょう》（現在の千代田区日本橋人形町）、市村座は葺屋町《ふきやちょう》（現在の千代田区日本橋人形町）、森田座と山村座は木挽町《こびきちょう》（現在の中央区銀座）にあり、この3町は芝居町と呼ばれた。

なお、芝居町に住む役者の住居区域は堺町、葺屋町、木挽町の3町に限られ、親の病気あるいは自己の病による帰郷や湯治以外にはよそへ行くことを禁止されていた。しかし、この禁令は表面上だけのことで、客に連れられて外出しても咎められることはなかった。

江戸の町には陰間茶屋《かげまちゃや》が点在していたが、歌舞伎と縁が深い陰間茶屋も芝居町に多くあった。1768年（明和《めいわ》5）に出版された『三《さん》の朝《あさ》』（平賀源内《ひらがげんない》）という随筆によると、堺町と葺屋町には合

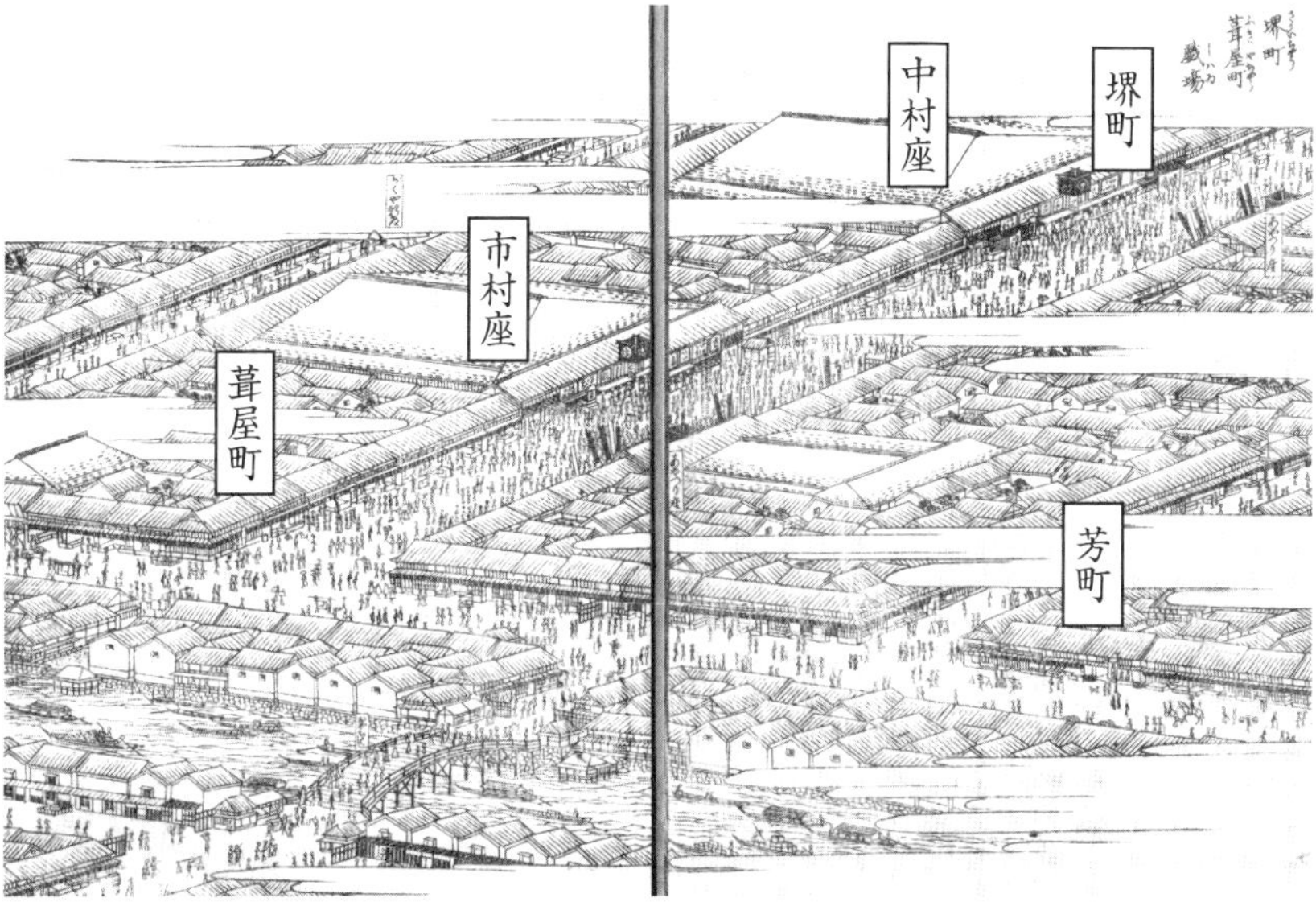

堺町と葺屋町の様子。芝居小屋が並び、多くの人でにぎわっている。すぐ近くに芳町もある。こうした芝居町には陰間茶屋も多く存在した。（『江戸名所図会』）

わせて14軒の陰間茶屋が軒を連ね、そこに43人の陰間が所属していた。このころ森田座と山村座は経営が思わしくなかったのか、木挽町には陰間茶屋3軒、陰間は7人しかいない。

この時期、いちばん陰間を抱えていたのが、芳町《よしちょう》（千代田区日本橋人形町）で、13軒の陰間茶屋があり、合わせて67人の陰間がいた。芳町は芝居町である堺町と葺屋町のすぐ近くにあり、移転前の遊郭があった土地だったため色街としての性格が強く、江戸市中でも有数の男娼街として有名だった。なお、芳町は俗名で、本当は堀江《ほりえ》六軒町《ろっけんちょう》という。

もともと陰間茶屋は、芝居の本拠である堺町と葺屋町に密集していたが、歌舞伎の隆盛とともに役者も陰間も増えてきたため、芳町に移ってきた。そのため、芳町に陰間が多くいることになった。

江戸で陰間茶屋があった場所

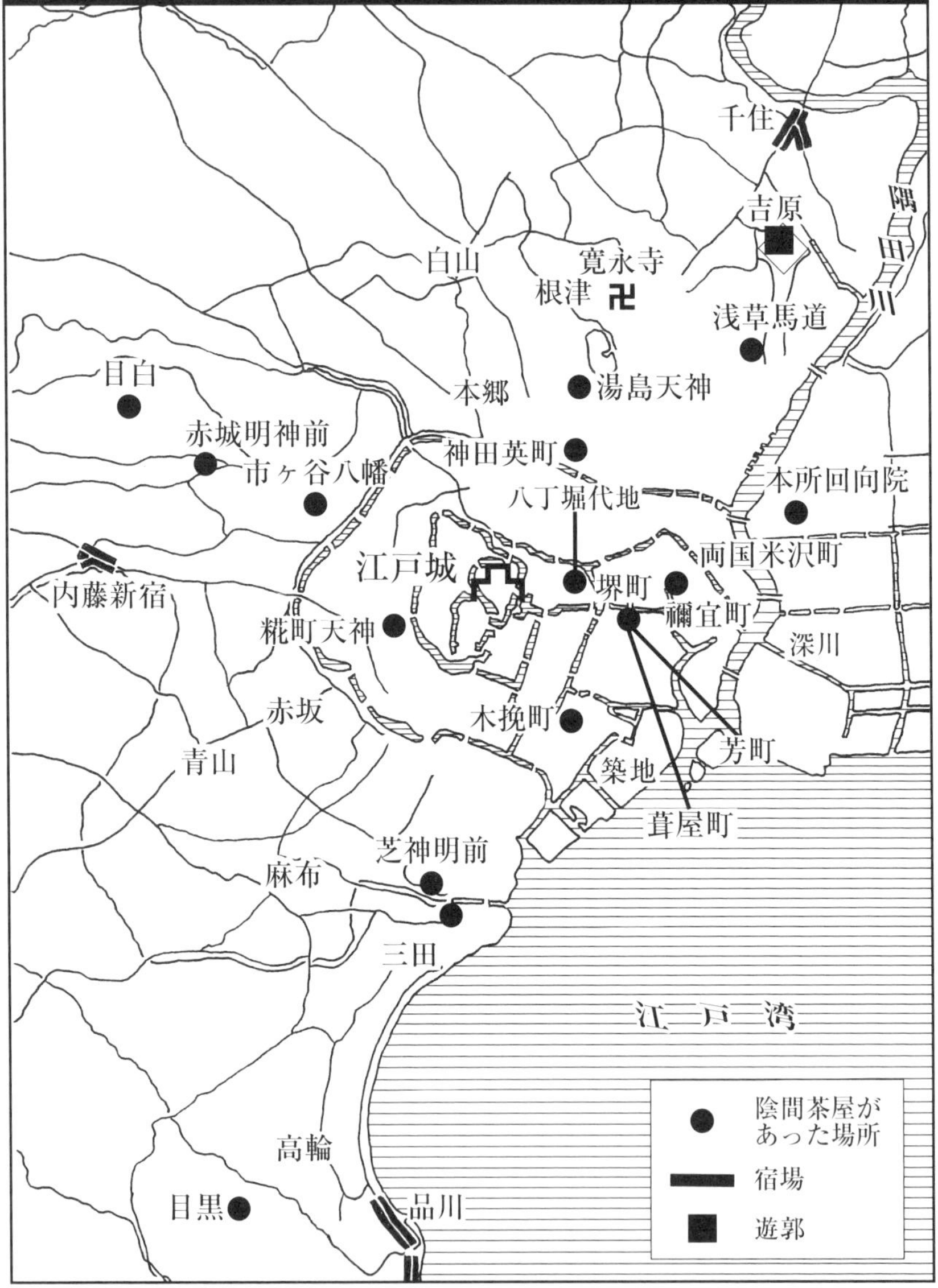

江戸の陰間茶屋は江戸城周辺に点在している。大きく分けると、大きな寺社がある場所と芝居町である。両国米沢町は媚薬や性技を売っていた四ツ目屋があった場所だ。

これらの陰間茶屋は、格子戸に柿色の暖簾《のれん》を下げており、それが目印にもなっていたという。また、このあたりの陰間茶屋では、吉原の遊女屋のように、所属する陰間が格子窓の後ろに座って楽器を演奏するなどして張見世を行うこともあったという。

❖寺と神社にゆかりが深かった陰間茶屋

そのほか、江戸で陰間茶屋があった町として有名なところでは、八丁堀代地《はっちょうぼりだいち》（千代田区神田鍛冶《かじ》町）、神田英町《はなぶさちょう》（千代田区外神田）、糀町天神《こうじまちてんじん》（千代田区麹町）、禰宜町《ねぎちょう》（中央区日本橋堀留町）、芝神明前《しばしんめいまえ》（港区芝大門）、湯島天神《ゆしまてんじん》（文京区湯島）、市ヶ谷八幡《いちやはちまん》（新宿区市谷八幡町）、赤城明神《あかぎみょうじん》（新宿区赤城元町）などがある。

芝神明前は近くに増上寺《ぞうじょうじ》があり、湯島天神の近くには寛永寺《かんえいじ》がある。どちらも徳川将軍家ゆかりの寺で、御台所《みだいどころ》や御年寄《おとしより》の代参として奥女中が参詣することも多く、その帰りに陰間茶屋に寄ることもあった。陰間茶屋の客には僧侶も多く、また、芝神明（芝大神宮）も湯島天神（湯島天満宮）も多くの参拝客でにぎわった行楽地であったから、陰間茶屋の需要も多かった。『三の朝』によると、芝神明前には陰間茶屋7軒、陰間26人がおり、湯島天神には陰間茶屋10軒、陰間42人がいたという。芝神明前と湯島天神は岡場所《おかばしょ》としても知られた土地で遊女も多くおり、色街として栄えていた。

糀町天神には陰間茶屋が3軒、陰間が19人いた。ここには平河天神《ひらかわてんじん》が鎮座し、境内に宮芝居の小屋があった。歌舞伎と同様、芝居の役者も陰間になることが多く、糀町天神にも陰間茶屋ができたのであろ

芝神明前は近くに増上寺があったこともあり、陰間茶屋が軒を並べていた。（『諸国道中金の草鞋』国立国会図書館蔵）

う。

八丁堀代地には陰間茶屋2軒、陰間11人、神田英町には陰間茶屋3軒、陰間10人がいた。この2町は神田明神が近くにあり、神田明神境内にも芝居小屋があった。陰間茶屋2軒、陰間7人を抱えていた市ヶ谷八幡も境内に芝居小屋があり、行楽客でにぎわった地であった。赤城明神の陰間の数は記されていないが、ここも大きな神社だったから芝居小屋が併設されていたのだろう。

そのほか浅草や目黒、目白などにも陰間茶屋があった。目黒と目白には不動尊があったから、ここにも宮芝居の役者がいたのかもしれない。

『三の朝』によると、明和の頃（1764~1772）の江戸市中には陰間が230余人ほどいたとされる。これは陰間茶屋あるいは子供屋に所属していた陰間の数であるから、実際はもっと多くの陰間が

1819年（文政2）発行の『諸国道中金の草鞋』という合巻の挿絵。左側の人物は幾重もの着物を着て、髪にかんざしを挿しており、一見遊女に見える。しかし、「陰間とはあの子だんべい」と書かれており、この人物が女装した陰間であることがわかる。湯島には女装した陰間が多かったという。（国立国会図書館蔵）

いたと考えていいだろう。

❖湯島には女装の陰間が多かった

湯島天神の境内に軒を連ねた陰間茶屋は、正徳《しょうとく》年間（1711〜1716）に建てられたのがはじまりとされる。この地に陰間茶屋をはじめたのは、旅役者の津国屋《つのくにや》清六《せいろく》という人物であるとする書があり、そこには津国屋清六が「此《この》地に来往し妙齢の弟子を抱置《かかえおき》遊客の酒席に侍《はべり》せし」めたのがはじまりと書かれているが、確証はない。

湯島の陰間茶屋は天明《てんめい》年間（1781〜1789）に全盛を迎え、「鳥居の際《きわ》より半丁許《はんちょうばかり》の間西側に抱主《かかえぬし》十三軒あり東側には揚屋《あげや》俗に子供呼び出し料理茶屋と云《いう》十七軒」（鳥居のわきから約50メートルの間に、西側に陰間を抱える店［陰間茶屋］が13軒あり、東側には陰間と遊ぶための料理茶屋という店が17軒）あったという。1768年（明和5）の『三の朝』では、陰間茶屋が10軒だったので、20年ほどで少しばかり増えた計算になる。

湯島には女装した陰間が多かったようで、年齢の上限は17～18歳までだったという。18歳を過ぎると、所属先を芳町や八丁堀などの陰間茶屋に変えた。

文政《ぶんせい》～天保《てんぽう》年間（1818～1844）には、正月の松の内の時期に湯島天神へ出かけると、振袖姿の陰間の姿が見られたという。実際にその様子を見た人の記録によると、「追羽突《おいはねつき》の遊戯するに各時流《おのおのはやり》の染模様の衣服に幅広の帯をまとひ、髪は島田に結《ゆい》て面に紅粉《べにこ》を施し総じて良家の処女《むすめ》の如《ごと》く扮装し、振袖を春風に翻し腰肢細軟《ようぎさいなん》、嬋娟窈窕《せんけんようちょう》たる風姿《すがた》は所謂《いわゆる》美女花の如く」であったという。陰間が羽根つきで遊びながら、それぞれ流行の染模様の着物を着て、幅広の帯をつけ、島田髷に髪を結い、顔には紅と白粉を塗り、まるで良家の娘のような扮装をしていた。振袖を風になびかせ、腰つきは華奢で、あでやかでしとやかな姿はまるで美女のようだ、とのことである。

こらむ

明治時代の陰間事情

天保《てんぽう》の改革でほとんどの陰間茶屋が取り潰され、湯島《ゆしま》などにかろうじて残る程度になった。しかし、明治維新後、陰間茶屋は絶滅し、男色行為そのものが受け入れられない風潮となった。国際化・欧米化の流れのなかで男色は忌避される対象となり、1872年（明治5）には男色を禁止する「鶏姦《けいかん》条例」が制定された（1881年に廃止）。欧米では男色は、自然に反する恥ずべき行為で、文明化された国々では男性間の性行為は犯罪であるという論調が高まり、同性愛者はいつしか日陰者となっていき、当然の帰結として陰間茶屋も陰間も日本からはいなくなってしまった。

陰間茶屋は江戸だけにあったわけではない

❖京都の陰間茶屋

陰間茶屋《かげまちゃや》は江戸特有の文化ではない。当然、全国各地にあった。というより、陰間茶屋の発祥は江戸ではなく、関西である。なにしろ歌舞伎の起源である阿国《おくに》歌舞伎が京都ではじめられたのだから、陰間茶屋も京都が発祥であることに論を待たない。京都には、1617年（元和《げんな》3）にはすでに陰間茶屋は存在していたという。

関西地方では陰間は出張してサービスを提供するシステムが多く、陰間を呼び出して遊ぶのが一般的だった。江戸の場合、陰間が出張するのは提携している料理屋や茶屋がほとんどだったが、関西の陰間は茶屋だけでなく、旅籠《はたご》や自宅まで出張した。なかには陰間を抱える茶屋に客が来店して遊ぶ店もあったが、そちらのシステムは少数派だったという。

なお、関西方面では陰間茶屋とはいわず「子供屋《こどもや》」とか「若衆屋《わかしゅや》」といい、陰間のことは「野郎《やろう》」と呼んだが、ここでは陰間茶屋、陰間で統一する。

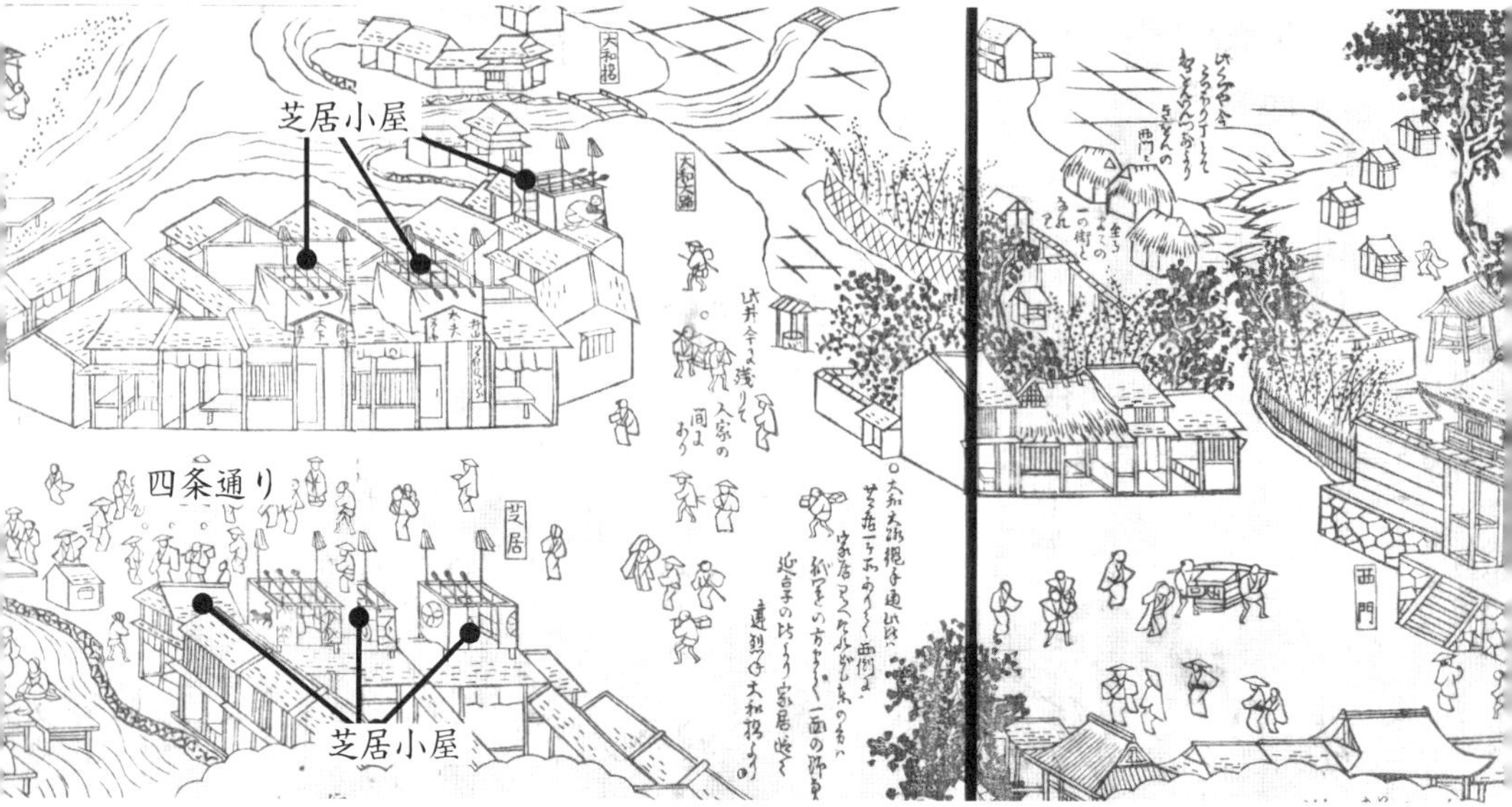

1676 年（延宝 4）に描かれた『祇園社幷旅所之図』。京都四条通りの様子を描いたもので、通りをはさんで向かい合わせに芝居小屋が 6 軒描かれている。（『扁額軌範』より、国立国会図書館蔵）

さて、京都では四条《しじょう》、祇園町《ぎおんちょう》、宮川町《みやがわちょう》（京都市東山《ひがしやま》区）の3カ所が陰間茶屋のメッカだった。宮川町は鴨川《かもがわ》の東、四条通りから五条通りあたりの町で、歌舞伎発祥の地として有名な地である。近くには北座《きたざ》と南座《みなみざ》という歌舞伎小屋があり（南座は現存）、元禄《げんろく》年間（1688〜1704）には7軒の芝居小屋が建ち並ぶ芝居町として発展し、この時期が京都の陰間の最盛期だったという。『忠臣蔵《ちゅうしんぐら》』で有名な大石内蔵助《おおいしくらのすけ》父子も宮川町の陰間と遊興したことがあったとされている。

『三《さん》の朝《あさ》』によると、ここには明《めい》和《わ》年間（1764〜1772）には80余人の陰間がいたという。

　京都の陰間は陰間茶屋に所属する限りは皆、俳優の弟子になることになっていたと

京都の陰間茶屋

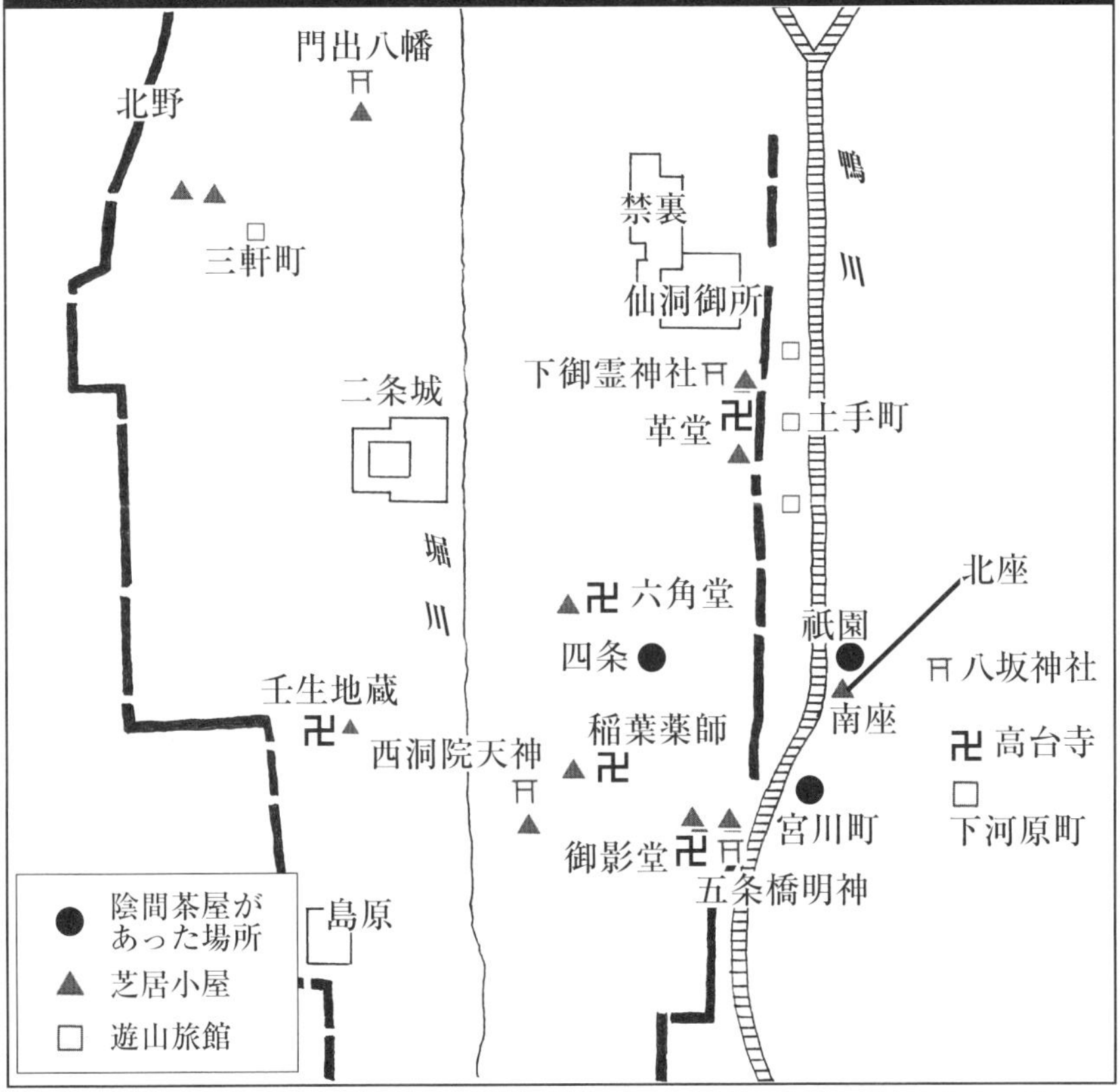

京都には天皇の住まいである御所と、幕府が管轄する二条城が接近して存在した。そして、その周辺には多くの芝居小屋や遊山旅館が点在していた。陰間茶屋は祇園、宮川町、四条にあったが、その他の芝居小屋周辺にも陰間はいたかもしれない。

大坂・坂町の陰間（右端）が描かれている。坂町は岡場所としても発展した町だったため、遊女と陰間が同居していた。なかには陰間を斡旋する遊女屋もあったという。（国立国会図書館蔵）

いう。

その後、幕末の1842年（天保《てんぽう》13）、幕府老中《ろうじゅう》・水野忠邦《みずのただくに》による天保の改革で陰間茶屋が禁止されたため、宮川町の陰間茶屋も衰退した。

❖大坂の陰間茶屋

もうひとつの関西の大都市・大坂も、陰間茶屋が隆盛した。大坂では大江《おおえ》（大阪市天王寺区）、坂町《さかちょう》（大阪市中央区）、道頓堀《どうとんぼり》（大阪市中央区）などが有名だった。

道頓堀は人形浄瑠璃《にんぎょうじょうるり》の代表的な劇場である竹本座《たけもとざ》、歌舞伎の中座《なかざ》、角座《かどざ》、浪花座《なにわざ》があった芝居町である。大坂の陰間茶屋は、京都より少し遅れて寛永《かんえい》年間（1624〜1645）に誕生したとされる。

坂町は道頓堀の南、現在の千日前一丁目

大坂の陰間茶屋

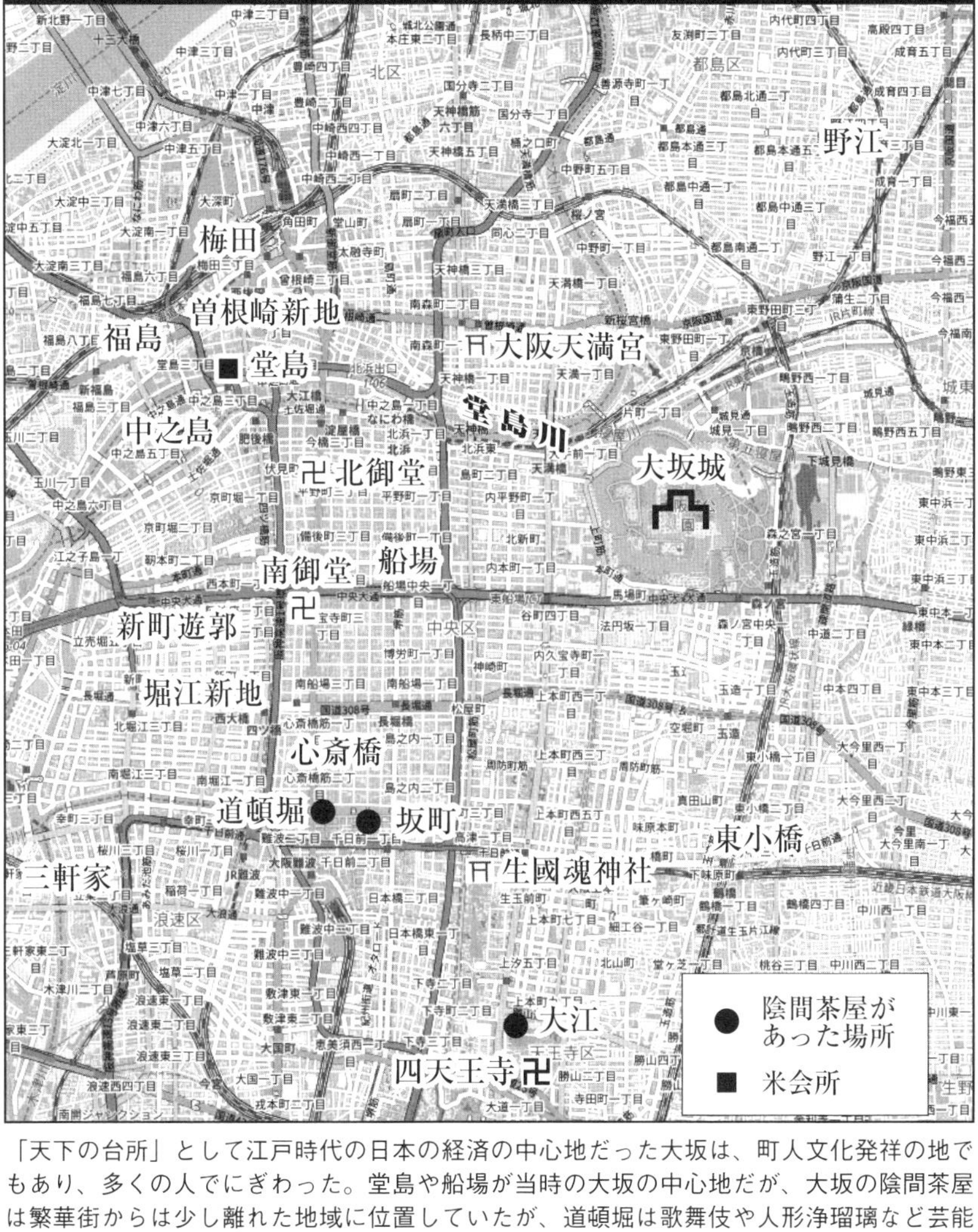

「天下の台所」として江戸時代の日本の経済の中心地だった大坂は、町人文化発祥の地でもあり、多くの人でにぎわった。堂島や船場が当時の大坂の中心地だが、大坂の陰間茶屋は繁華街からは少し離れた地域に位置していたが、道頓堀は歌舞伎や人形浄瑠璃など芸能活動の中心地である。大江は、江戸時代の大坂町人に親しまれた四天王寺の近くに位置しており、参詣客が陰間茶屋で遊んでいったと思われる。三軒家と東小橋はともにかつての遊女町でもあり、この地にも陰間はいたのではないだろうか。

界隈で、この地にも芝居小屋がもうけられており、また大坂では有名な岡場所《おかばしょ》（非公認の遊女町のこと）でもあった。

１８８ページ上の『絵本御伽品鏡《おとぎしなかがみ》』（１７３０年〈享保《きょうほう》15〉）に坂町の陰間が描かれている。右端にいるのが陰間で、「有《あり》がたし　千日寺《せんにちでら》の　辺りには　白の仏や　野郎　来迎」という狂歌《きょうか》が添えられている。白の仏とは私娼のことで、左端にいる女性が私娼である。坂町は遊女町としても有名だが、京阪の場合、遊女屋が集まっているところには2、3戸ずつ陰間茶屋があったという。

坂町で有名だった陰間茶屋が「関東屋」と「中村屋」だった。関東屋には宝暦《ほうれき》年間（１７５１〜１７６４）には陰間43人、中村屋には28人の陰間がいたという。また、関東屋では遊女屋のように張見世をしていたといい、陰間の張見世のことを京阪では「稽古場《けいこば》」と呼んだ。

坂町では遊女屋が陰間を抱え置く場合もあったといい、遊女と陰間の両方を斡旋した。明和年間（１７６４〜１７７２）、坂町には50人ほどの陰間がいた。

大江は堂島や船場、道頓堀など、当時の中心地からはずれた位置にあるが、四天王寺と地理的に近く、陰間の需要も多かったのだろう。

なお、大坂の陰間も京都と同様、俳優の弟子となり、その家号の名前が付けられた。

三都以外の陰間茶屋

❖名古屋の陰間茶屋

男娼は江戸・京都・大坂だけに存在したわけではない。全国の主要な城下町や港町、門前町にも陰間《かげま》茶屋《ちゃや》（地域によって呼び名は変わる）はあった。阿国《おくに》歌舞伎の流行により、歌舞伎や芝居が全国に伝播したのもその理由のひとつだろうし、各街道の宿場には飯盛女《めしもりおんな》（宿場にいた私娼のこと）がいたのと同様に、陰間もいたと考えられる。

名古屋では陰間茶屋のことを「野郎宿《やろうやど》」と呼んでいた。享保《きょうほう》年間（1716～1736）の末ころが全盛で、門前町（中区門前）あたりの布袋屋《ほていや》という野郎宿が一番大きかったといい、貸座敷と仕出し屋を兼業していた店だった。丸屋《まるや》という野郎宿も有名で、こちらはもともとは蒲焼きを売るのを本業としていた。

これらの野郎宿には家名を記した行灯《あんどん》を店先に出し、そこには陰間の名前が書かれていた。市川升之《いちかわますの》助《すけ》とか浅尾庄松《あさおしょうまつ》など、大坂や江戸で人気の歌舞伎役者の名前を真似したようだ。

名古屋の陰間茶屋

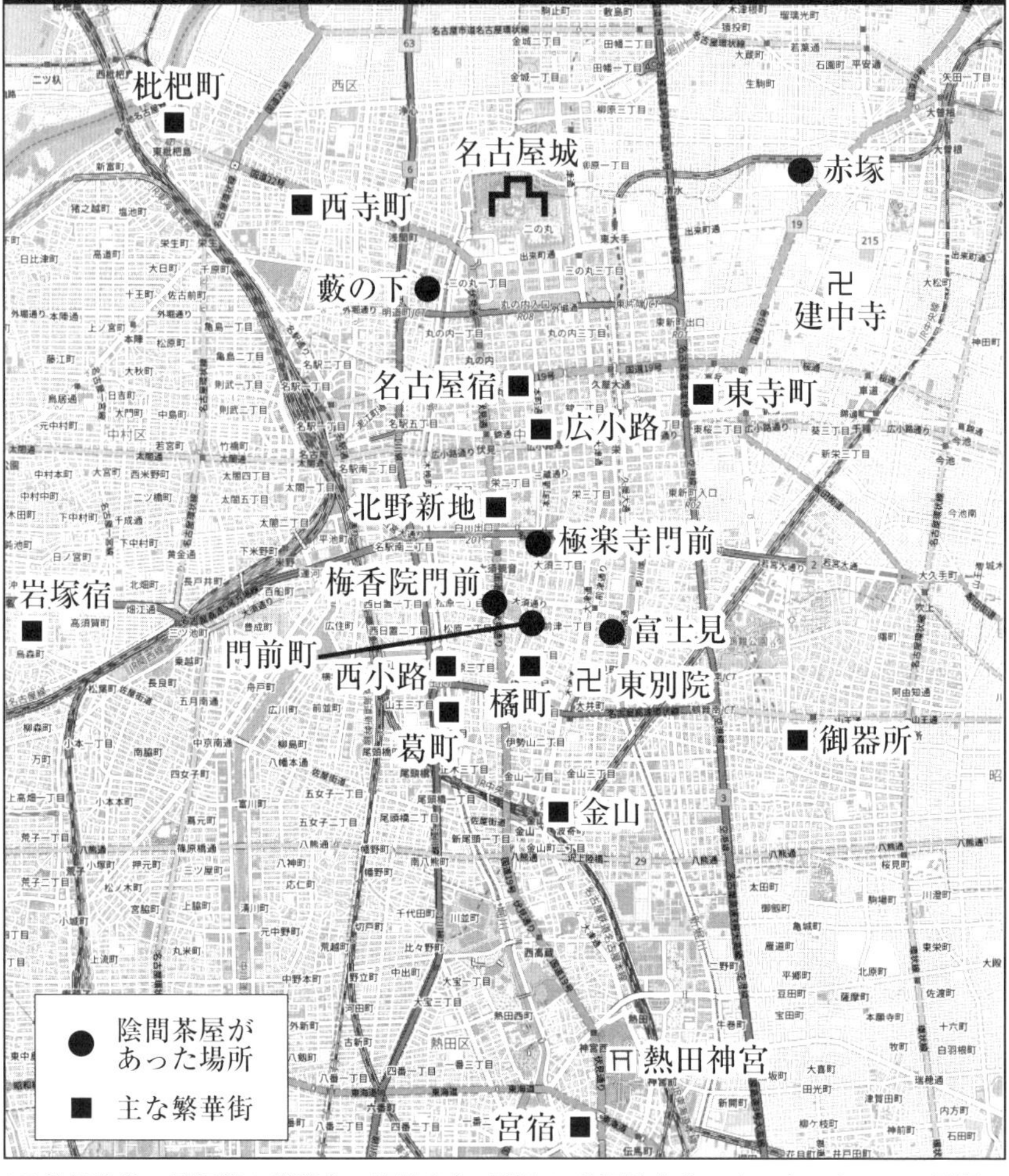

17世紀後半、尾張藩２代藩主・徳川光友が橘町に芝居地を作ったことから、この界隈は芝居地としてにぎわい、それにつれて陰間茶屋もできた。名古屋城下の広小路は芝居や物まね、居合抜きなどの見世物が披露された地である。西小路と葛町は遊女町だが短期間で廃止された。とはいえ、遊女町の名残はあったであろう。北野新地は幕末にできた遊女町である。宮宿は東海道の宿場で飯盛女がおり、陰間もいたかもしれない。岩塚宿は佐屋街道の宿場である。

そのほか、極楽寺門前《ごくらくじもんぜん》（中区大須）に笹藤《ささふじ》、赤塚《あかつか》（東区赤塚町）に淀屋《よどや》などがあり、富士見《ふじみ》（中区富士見町）、藪《やぶ》の下《した》（西区幅下）、梅香院《ばいこういん》門前（中区橘）にも野郎宿があり、名古屋でも陰間遊びが流行していたことがわかる。

このうち門前町、極楽寺門前、梅香院門前の3カ所は芝居地である橘町《たちばなちょう》に近い。橘町には芝居小屋「橘座」があり、多くの人を集めた。また、富士見は東別院《ひがしべついん》という寺に近く、東別院東北にあった小高い丘から富士山が見えたことから景勝地のひとつであった。

❖北陸の陰間茶屋

加賀《かが》百万石と謳《うた》われた大藩・加賀藩（現在の石川県）の拠点である金沢《かなざわ》には、京阪方面だけでなく江戸からも歌舞伎役者がやってくるなどして、常設の小屋がもうけられるようになり、歌舞伎や芝居などが人気を博した。若衆《わかしゅ》歌舞伎にならった、藩主・前田《まえだ》家に近侍する小姓が踊る「児小姓踊《ちごこしょうおどり》」というものもあった。

越前《えちぜん》国では、橋南玉井町誓願寺《はしみなみたまいちょうせいがんじ》（福井市みのり）に遊女を抱えた置屋が8軒あった。

越前では、置屋が芝居興行も兼ねており、遊女や芸者のほか、芝居役者の男子もいたといい、芝居のついでに客に酒宴の接待も行っていたという。

駿河国袋井宿で前髪つきの少年と情交する男性。各街道の宿場には陰間が商売していたとされる。（『旅枕五十三次』）

❖駿河の陰間茶屋

滑稽本《こっけいぼん》の傑作として有名な、十《じっ》返舎一九《ぺんしゃいっく》の『東海道中膝栗毛《とうかいどうちゅうひざくりげ》』（1814年〔文化《ぶんか》11〕完結）の登場人物、弥次郎兵衛《やじろうべえ》と喜多八《きたはち》が、もともと男色カップルだったことは、知っている人は知っている有名な話であろう。

喜多八はもともと旅役者だった。当時の風潮どおり、喜多八も役者をしながら身体を売る陰間でもあった。喜多八が駿河《するが》国府中《ふちゅう》（静岡県静岡市）にとどまって舞台をしていると、それを見た弥次郎兵衛が喜多八（そのときは鼻之介《はなのすけ》という名前だった）に夢中になり、入れあげたあげくにわずかばかりの財産をなくして

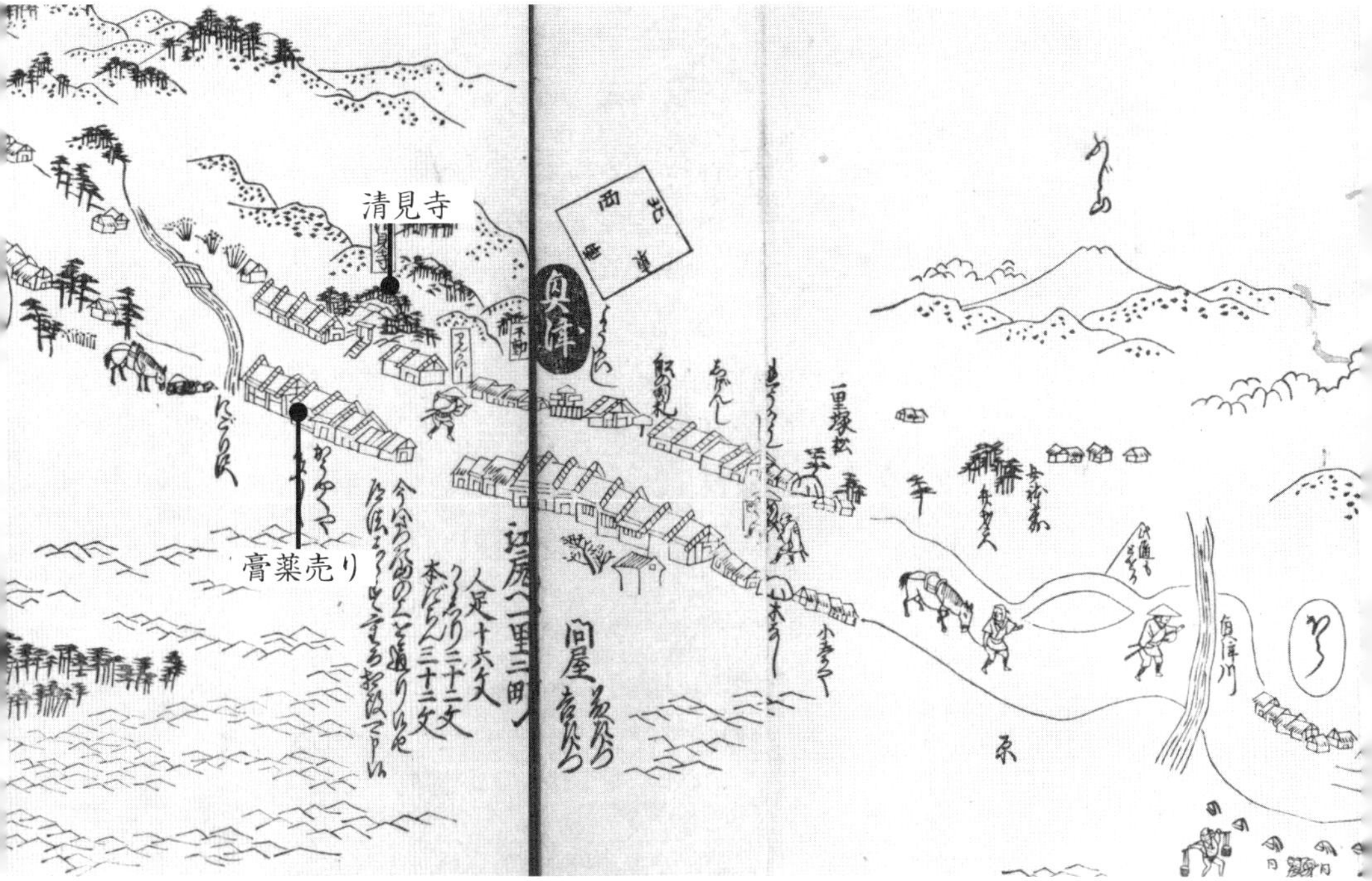

『東海道分間絵図』に描かれた興津宿。清見寺の前に膏薬を売る店が数軒並んでいる。この店の売り子が陰間として身体を売っていた。「こうやくや多し」と書かれている。

しまう。喜多八も弥次郎兵衛のことを憎からず思っていたので、二人は府中から駆け落ちするのである。

将軍家にゆかりの深い駿河国にも、陰間はいたのである。

オランダ商館付きの医者として1690年（元禄《げんろく》3）に来日したドイツ人・ケンペルも、駿河国で出会った陰間について記録に残している。

ケンペルは1691年（元禄4）と1692年（元禄5）の二度、5代将軍・徳川綱吉《とくがわつなよし》に謁見するためにオランダ商館長とともに江戸に出かけた。最初の江戸下りの折、東海道を下っていたケンペルが駿河国の興《おき》津《つ》宿（静岡県清水区）に差し掛かった。清見寺《せいけんじ》という寺の近くには家が建ち並び、立派な店構えをした10軒ほどの店があった。その店頭には10歳～12歳くらいの化粧をした少年2～3人がきれいに着飾り、一列に並んで座っていた。少年たちは東海道を旅する人々に金品と引き換えに春をひさいでいたのである。ケンペルとともに江戸に向かっていた長崎奉行はこのとき、気晴らしといって半時間も少年たちのそばに腰をおろしていたという。

これは興津宿の清見寺膏薬《こうやく》、別名を藤《ふじ》の丸《まる》膏薬という薬を売る店である。この薬を売るのは少年に限られていたというが、清見寺膏薬を売る店が軒を連ねていた。

もともとは純粋な薬屋だったが、江戸時代になって宿場が整備され、平和になって街道沿いが繁栄すると、薬屋も繁盛し、やがて店の少年が身体を売るようになった。

寛政年間に発売された『二国連壁談《にこくれんぺきだん》』（平秩東作《へづつとうさく》）という本には、京都の男娼町として有名だった宮本町を歩いているかのように、あちこちから「膏薬召《め》せ」「本家はこちら」「元祖は是《これ》」などと声がかかり、道行く人が呼び止められたという。

膏薬を売るのは地元の少年だったが、中には地方から来た者もいたという。井原西鶴の『武道伝来《ぶどうでんらい》記《き》』（1687年〔貞享《じょうきょう》4〕）には、父の敵を探すために清見寺の膏薬屋の売り子になった少年の話が出ている。

❖全国の陰間茶屋

奥州道中《おうしゅうどうちゅう》の白河《しらかわ》宿（福島県白河市）にも陰間茶屋があった。白河は奥州道中の交通の要衝であり、幕府も関所を置くほど重視していた土地である。

1777年（安永《あんえい》6）、富田伊之《とみたこれゆき》という歌人が東北地方に旅行したときのことを書いた『奥州紀行』という書に、「白河へ下りに左の方町中に茶店あり。暖簾に『出弥郎《でやろう》、ほていや』と書けり。所の者に承り候得ば、是を野良茶屋といふよし」との記述がある。出弥郎という呼び方から考えると、出張専門の男娼だったと考えられるが、詳細は不明である。

西国のほうも見てみよう。肥前《ひぜん》国にも陰間茶屋があったことを伝える話がある。

17世紀半ば、肥前藩（佐賀県佐賀市）の藩主・鍋島光茂《なべしまみつしげ》の家臣に、正左衛門《しょうざえもん》という小姓《こしょう》がいた。この小姓は前髪のある元服前の少年だったが、多門《たもん》正左衛門という芝居役者に恋をした。自分の紋を多門の紋と同じものにし、名前も多門にあやかって正左衛門に改名するほど入れ込んで、何度も多門を買っては情事にふけった。やがて財産を失ってしまった正左衛門は、馬渡六兵衛《うまわたりろくべえ》という同僚の刀を盗み出し、それを質に入れようとしたところ悪事が発覚し、正左衛門は死罪となった。

そのほか、1768年（明和《めいわ》5）に出版された『三《さん》の朝《あさ》』（平賀源内）には、讃岐《さぬき》国金毘羅《こんぴら》（香川県仲多度郡）、伊勢《いせ》国古市《ふるいち》（伊勢市古市町）、紀伊《きい》国禿宿《かむろ》（和歌山県橋本市）、備中《びっちゅう》国宮内《みやうち》（岡山県岡山市）、安芸《あき》国宮島《みやじま》（広島県廿日市市宮島町）などにも陰間茶屋があったと記されている。

金毘羅宮は多くの参詣客を集める大社であり、その境内には芝居小屋が建てられた。「金毘羅芝居番付」という番付が発売されていたことから現地では人気があったようで、そうした地場の役者が陰間を兼業していたのだろう。

『続膝栗毛初編』で喜多八の金比羅での挿絵。向かって左側に寝ているのが、道頓堀の陰間である。（国立国会図書館蔵）

また、十返舎一九の『続膝栗毛初編』（1810年〔文化7〕）には、大坂道頓堀の陰間が願掛けのために金毘羅宮に参詣する話があり、こうした陰間が土着したこともあったかもしれない。

伊勢国古市は伊勢神宮の門前町で、遊女屋も多い遊所であった。伊勢神宮参拝後の精進落としの場として陰間茶屋ができたようだ。

備中国宮内は吉備津《きびつ》神社の門前町だ。ここも古市と同様に遊所として有名で、山陽道随一の遊所として栄えた町である。

紀伊国禿《かむろ》宿は高野山《こうやさん》に近く、安芸国宮島は厳島《いつくしま》神社が有名で、どちらも参詣客が陰間茶屋を利用したという。

陰間茶屋にもランクがあった

❖芳町がAランクだったわけ

江戸中期の洒落本《しゃれぼん》『風俗七遊談《ふうぞくしちゆうだん》』（1756年〔宝暦《ほうれき》6年〕）によると、陰間茶屋《かげまちゃや》にも立地ごとにランクがあった。

一番ランクが高かったのが、太夫《たゆう》クラスの陰間を多く抱えていた芳町《よしちょう》である。この本には記載がないが、同じ芝居町である堺町《さかいちょう》や木挽町《こびきちょう》あたりも同等のランクと考えて差し支えないだろう。その次が芝神明前《しばしんめいまえ》、糀町天神《こうじまちてんじん》、湯島天神《ゆしまてんじん》で、その下が市ヶ谷《いちや》。さらにその下が浅草馬道《あさくさうまみち》、本所回向院《ほんじょえこういん》という順番になっている。

もちろんすべての場所を網羅しているわけではないが、芝居町が最上級で、神社境内や門前がその次、そのほかが最低ランクということらしい。『風俗七遊談』には神田《かんだ》や赤城《あかぎ》など抜けている場所もあるが、神田明神や赤城明神があったところなので、ランク付けとしては2番目と考えていいのではないだろうか。

このランク付けは『風俗七遊談』の著者による独断だが、芝居町の陰間が最上というのは江戸庶民の一般的な感覚ではなかっただろうか。

❖陰間にもランク付けがあった

陰間茶屋が隆盛を迎えるころの万治《まんじ》年間（1658〜1661）、陰間もランク分けがされるようになった。「太夫子《たゆうこ》」「舞台子《ぶたいこ》」「陰子《かげこ》」というのがそれで、太夫子→舞台子→陰子の順でランクが高かった。関西では「本舞台《ほんぶたい》」「中舞台《ちゅうぶたい》」「陰子」というランクがあった。しかし、このランク付けは定着せず、やがて使われなくなった。

遊女をランク付けした本が出版されたように、陰間を紹介する本も出版された。これを「役者評判記」などといった。

万治年間の『野郎蟲《やろうむし》』がその先駆けとされ、次いで1662年（寛文《かんぶん》2）に『剥野老《むきところ》』が出版された。野老という茶菓子があって、野老の皮を剥くと白くきれいだったことから、陰間のことを「剥野老」としたのである。

『剥野老』には、玉村吉弥《たまむらきちや》という京都の歌舞伎役者を「玉の姿は銀漢《ぎんかん》の月も粧《よそおい》を嫉《そね》みぬべし」（玉村の姿は、秋の月さえその装いを妬むほどである）と評し、坂田市之丞《さかたいちのじょう》については「顔うつくしく目もとに殺す所あり」（顔が美しく、目元は見る者を殺すほどの色気がある）と評している。

また、色巧者として有名だった山本勘太郎《やまもとかんたろう》は「寝ざめの床の睦言《むつごと》にはあめが下の水の声も山時鳥《やまほととぎす》と共

『剥野老』の挿絵。中央で立ち上がり扇子をもって踊っているのが玉村吉弥である。本文では吉弥のことを「この世の人とは思えない」と絶賛している。

に啼《な》きあかすらん」（眠りから覚めたときの睦言は、天下のあらゆる水の流れも山時鳥とともに泣き明かすほどだ）とある。

評判記を見ていくと、歌舞伎役者は芸事が下手でも容色さえ美しければ一流の役者となることができたようだ。

阿国《おくに》歌舞伎のときと同様、舞台は張見世《はりみせ》の代わりでもあったから、芸の良し悪しよりもまず見た目ということだ。

たとえば坂田市之丞は太夫という歌舞伎役者最高ランクに位置したが、踊りはまったくできなかったという。見た目の良さだけで太夫にまで上り詰めたのである。

衰退する陰間茶屋

❖享保の改革と寛政の改革

歌舞伎の隆盛とともに盛り上がった陰間茶屋《かげまちゃや》だったが、その人気は18世紀後半ころから徐々に下火となっていった。江戸時代、芝居町は吉原《よしわら》とともに「悪所《あくしょ》」と呼ばれ、たびたび幕府の風紀取り締まりの目標とされ、芝居町とかかわりが深い陰間茶屋も同様に何度か禁令も出されていた。

一度目の危機は、8代将軍・徳川吉宗《とくがわよしむね》時代の享保《きょうほう》の改革（1716～1735）である。吉宗は華美を嫌い、質素を旨とした人物で、大奥の人数を減らしたり、食事を簡素なものにしたりするなど、自分の生活も質素倹約につとめた。そのため、市井にも放蕩《ほうとう》を戒めるようになり、遊女遊びも陰間遊びも下火になった。

吉宗が死去し、享保の改革が終わって田沼《たぬま》時代が訪れると、再び江戸の経済活動は活発になった。狂《きょう》歌《か》の分野で大田南畝《おおたなんぽ》が出現し、洒落本《しゃれぼん》や黄表紙《きびょうし》の類が出版されるなど文化が勃興、「いき」や「つう」といったことがもてはやされる時代になり、遊郭が全盛となった。こういう時代であったから、陰間茶

江戸時代に幕政改革を行った３人。享保の改革を行った徳川吉宗（右、徳川記念財団蔵）、寛政の改革を行った松平定信（中央、鎮国守国神社蔵）、天保の改革を行った水野忠邦（左、首都大学東京図書情報センター蔵）。

屋も息を吹き返した。吉宗時代以前は、陰間茶屋はどちらかというと関西方面のほうが栄えていたが、このとき京阪以上の勢いをもって江戸の地で栄えたのである。

しかし、風紀取り締まりをかかげた松平定信《まつだいらさだのぶ》による寛政《かんせい》の改革（1787〜1793）がはじまると、陰間茶屋も取り締まりの対象となり、その数を減らしていった。

江戸の陰間茶屋を見てみると、文化《ぶんか》年間（1804〜1818）には陰間茶屋は芳町《よしちょう》、湯島天神《ゆしまてんじん》、芝神明前《しばしんめいまえ》、八《はっ》丁堀《ちょうぼり》で営業するだけになってしまった。寛政の改革の影響とともに、通人のたしなみとしての陰間買いが陰りを見せはじめ、このころになると僧侶の規律のゆるみが甚だしくなり、なかば公然と女遊びをするようになったことも陰間茶屋衰退の一因となった。

❖陰間茶屋を襲った天保の改革

そして、1839年（天保《てんぽう》10）に老中首座《ろうじゅうしゅざ》になった水野《みずの》忠邦《ただくに》による天保の改革が、陰間茶屋に決定的な打撃を与え

三大改革と陰間茶屋

享保の改革（1716～1745年）
推進者：徳川吉宗（8代将軍）
・質素倹約の奨励
➡陰間茶屋や遊女屋などの取り締まり強化
➡不景気により休座する歌舞伎劇場が出る

寛政の改革（1787～1793年）
推進者：松平定信（老中首座）
・商業重視否定、出版・風俗の取り締まり
➡贅沢の禁止で歌舞伎が衰退
➡風俗関連の本・浮世絵の統制

天保の改革（1841～1843年）
推進者：水野忠邦（老中首座）
倹約令の徹底、芝居・出版統制
➡歌舞伎3座が浅草に移転
➡陰間茶屋は徹底的に統制され壊滅

た。陰間茶屋5軒、陰間11人がいたという芝神明前には陰間茶屋がなくなり、遊女屋で陰間を抱えながら細々と続けられていた八丁堀からも陰間はいなくなった。湯島と芳町をのぞいてほぼ全滅という事態になり、陰間も客も水野を恨み、嘆いた。そうしたことから、水野がこれほど陰間茶屋に敵意をもつのは、陰間にふられて腹を立てたからだという悪口がまことしやかにささやかれたという。

　こうして大打撃をこうむった陰間茶屋に、さらに追い打ちをかけたのが、1841年（天保12）に起こった堺町《さかいちょう》の火事である。歌舞伎の小屋があった堺町と葺屋町《ふきやちょう》一帯が火に包まれ、中村座《なかむらざ》と市村座《いちむらざ》が全焼、人形浄瑠璃《にんぎょうじょうるり》の薩摩座《さつまざ》と人形芝居の結城座《ゆうきざ》も燃えた。

風紀取り締まりに躍起になっていた水野はこの火事を好機ととらえ、芝居小屋をすべて立ち退かせ、浅草山之宿町《やまのしゅくまち》（台東区花川戸）に移転させた。芳町の陰間茶屋も浅草に移転させられ、衰退する一方となった。

天保の改革は短期間で失敗に終わったが、陰間茶屋は復活しなかった。唯一残ったのが、湯島の陰間茶屋である。湯島は、徳川将軍家の庇護が厚い寛永寺《かんえいじ》の僧侶が得意先だったため、明治初年まで営業を続けることができた。とはいえ、以前ほどの規模は維持できず、幕末には横藤《よこふじ》、津国屋《つのくにや》、加賀屋《かがや》、藤村屋《ふじむらや》の4軒のみとなり、陰間は10人ほどとなってしまった。天保の改革後の湯島では、陰間に女装させることはせず、『守貞漫稿』によると「美少年の男粧《なんしょう》なり」（美少年が男の装いをしている）という外見で商売をさせたという。

陰間茶屋が衰退したといっても、男色そのものがなくなったわけではないし、幕府が男色そのものを禁止したわけでもない。陰間が少なくなったとはいえ、あくまで茶屋に所属する陰間の数が減っただけだ。男色の傾向のある者だけが陰間を買うようになったということである。

◉参考文献

『男色の日本史』ゲイリー・P・リュープ、藤田真利子訳（作品社）
『江戸男色考　若衆篇』柴山肇（批評社）
『江戸男色考　悪所篇』柴山肇（批評社）
『江戸男色考　色道篇』柴山肇（批評社）
『男色の民俗学』礫川全次 編（批評社）
『浮世絵春画と男色』早川聞多（河出書房新社）
『江戸の異性装者たち』長島淳子（勉誠出版）
『女装と日本人』三橋順子（講談社現代新書）
『江戸の女装と男装』渡辺晃 著、太田記念美術館 監修（青幻舎）
『男色の景色―いはねばこそあれ―』丹尾安典（新潮社）
『本朝男色考 男色文献書志』岩田準一（原書房）
『少年愛の連歌俳諧史』喜多唯志（沖積舎）
『江戸のフーゾク万華鏡』永井義男（日本文芸社）
『江戸の下半身事情』永井義男（祥伝社新書）
『大江戸ものしり図鑑』花咲一男 監修（主婦と生活社）
『江戸のかげま茶屋』花咲一男（三樹書房）
『江戸の出合茶屋』花咲一男（三樹書房）
『江戸の閨房術』渡辺信一郎（新潮選書）
『江戸の色道（上）男色篇』蕣露庵主人（葉文館出版）
『江戸物価事典』小野武雄 編著（展望社）
『好色艶語辞典』笠間良彦 編著（雄山閣）
『好色物語』小池藤五郎（桃源社）
『フーゾクの日本史』岩永文夫（講談社）
『戦国武将と男色』乃至政彦（洋泉社）
『江戸女の色と恋 若衆好み』田中優子、白倉敬彦（学習研究社）
『誰でも読める日本近世史年表』吉川弘文館編集部 編（吉川弘文館）
『日本史広辞典』日本史広辞典編集委員会 編（山川出版社）
『日本男色物語』武光誠 監修（カンゼン）

【監修】
安藤優一郎（あんどう・ゆういちろう）

1965年千葉県生まれ。歴史家。文学博士(早稲田大学)。江戸をテーマとする執筆、講演を展開。「ＪＲ東日本・大人の休日倶楽部」など生涯学習講座の講師を務める。著書に『明治維新 隠された真実』(日本経済新聞社)、『江戸の不動産』(文春新書)、『江戸っ子の意地』(集英社新書)、『娯楽都市・江戸の誘惑』(PHP新書)など、監修に『江戸の色町 遊女と吉原の歴史』『江戸を賑わした 色街文化と遊女の歴史』（いずれもカンゼン）などがある。

著者：水野大樹
カバーイラスト：紗久楽さわ
カバーデザイン：松浦竜矢
編集：有限会社バウンド

江戸文化から見る 男娼と男色の歴史

発行日　2019年 9月 2日　初版
　　　　2022年 10月 15日　第2刷　発行

監　修　安藤優一郎
発行人　坪井義哉
発行所　株式会社カンゼン
〒101-0021
東京都千代田区外神田2-7-1 開花ビル
TEL　03（5295）7723
FAX　03（5295）7725
http://www.kanzen.jp/
郵便振替　00150-7-130339
印刷・製本　株式会社シナノ

ISBN 978-4-86255-528-1
Printed in Japan
定価はカバーに表示してあります

日本男色物語
奈良時代の貴族から明治の文豪まで

監修◎武光誠

学校では教えてくれない「男の絆」の歴史を紐解く。

かつての日本で「男色」は特別なことではなく日常だった。僧侶と稚児、将軍と小姓、武士と家臣、庶民と男娼、貴公子と貴公子……日本史上ではさまざまな身分の人たちが、それぞれの立場で男色を楽しんだ歴史がある。本書は、奈良時代から明治時代まで、史料に残された男色がらみのエピソードを抽出した。同性愛に対する偏見や差別がなかった時代の「男同士の恋愛」を、余すところなく紹介する。

定価 1,700 円（税別）
ISBN 9784862553027

江戸の色街 遊女と吉原の歴史
江戸文化から見た吉原と遊女の生活

監修◎安藤優一郎

遊廓・吉原の全貌と そこに生きた遊女たちの姿を追う。

絢爛豪華な遊郭・吉原のはじまりから終わりまで、遊郭の実態をわかりやすく解説していく。吉原にはどんな人々が住んでいたのか、遊女の一日とはどんなものだったのか、吉原ではどうやって遊んだのか……遊女のルーツや吉原誕生までのいきさつから、吉原内部の実情、遊女の生活ぶりまで、その全貌を解説。３００年間公認の遊廓として栄えた町・吉原と、吉原の主役・遊女の歴史と実像を知らずして江戸は語れない。

定価 1,700 円（税別）
ISBN 9784862553515

江戸を賑わした 色街文化と遊女の歴史

監修◎安藤優一郎

江戸各地にあった色街の歴史をひもとき、当時の繁栄ぶりに思いをはせる。

江戸時代には公認・非公認にかかわらず、多くの遊里があった。吉原の遊郭をはじめ、品川や新宿などの宿場町、深川や上野などの岡場所、八王子や府中などの旅籠、船橋や潮来などの地方の宿場……街は遊女が集い、女色を求めて男が通い、賑わった。なぜそこが遊里となったのか、どんな遊女がいてどんな男が遊んだのか、往時の賑わいぶりを振り返るとともに、現在の様子にも触れながら、江戸時代の〝色街〟を紹介する。

定価 1,700 円（税別）
ISBN 9784862554949